生命，因閱讀而大好

為什麼別人那麼幸福，我卻如此孤獨？

日本人氣心理諮商師結合腦科學與心理學，
安撫負面情緒，正向發展人際關係

大嶋信賴／著　江宓蓁／譯

誰もわかってくれない
「孤独」がすぐ消える本

前言／

看見孤獨的真貌

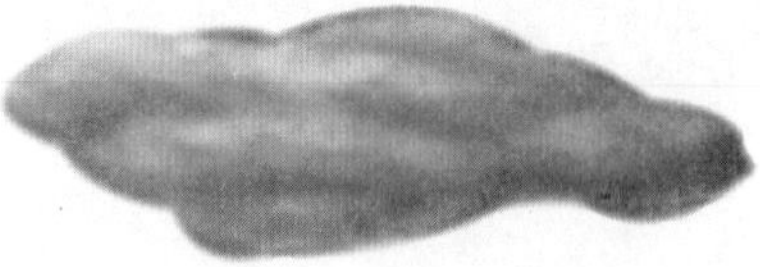

只要走出家門，就覺得眼前都是幸福的人，「只有自己是孤獨的」。

就算和朋友一起歡笑聊天，度過愉快時光，「孤獨」依然伴隨著空虛感接踵而來……

因為覺得只有自己勝任不了工作，所以拚死拚活地努力，只為了不被別人拋棄。

明明已經百般忍耐，付出所有心力，卻被對方冷漠以對……怎麼樣都止不住憤怒與寂寞……

一旦陷入「孤獨」，內心就會出現像是開了一個洞的感覺。覺得自己坐也不是站也不是，無所適從。

為了消除不斷膨脹的孤獨感一直努力、一直忍耐，而且更加體恤周遭的人……

可是，根本沒有人了解自己！

再加上工作方面總是有「討厭的人」跑來糾纏，家人也對自己非常刻薄……

這到底是為什麼？

將心裡開了大洞似的「孤獨感」徹底抹去，讓自己從不舒服的感覺當中獲得解放，這種事情真的有可能嗎？

其實，這是可以辦到的。

‧想知道如何抹去「孤獨感」，讓自己從不舒服的感覺中獲得解放。

‧想改變總是在忍受人際關係，不斷迎合周遭的人而變得一塌糊塗的人生。

‧想好好解決身邊就算有家人在一樣覺得「孤單」，心裡不斷湧現悲傷與憤怒的問題。

懷抱這些願望的人，請繼續閱讀之後的內容吧。
眼前將會出現從來沒有人告訴過你的全新世界。

朝著內心風平浪靜，感覺渾然一體的世界前進。

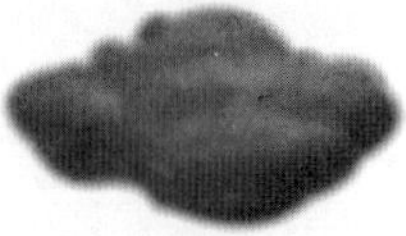

Contents

〔第二章〕那些問題，都是「那個人的孤獨」的錯

——那個討厭的人只是很孤單而已

【第三章】

讓孤獨在一瞬之間消失無蹤的暗示

——消除「只有我」的想法，內心的平靜就會降臨

〔第四章〕

和那個人的孤獨和平應對的方法

——反省，讓雙方的孤獨日漸增加

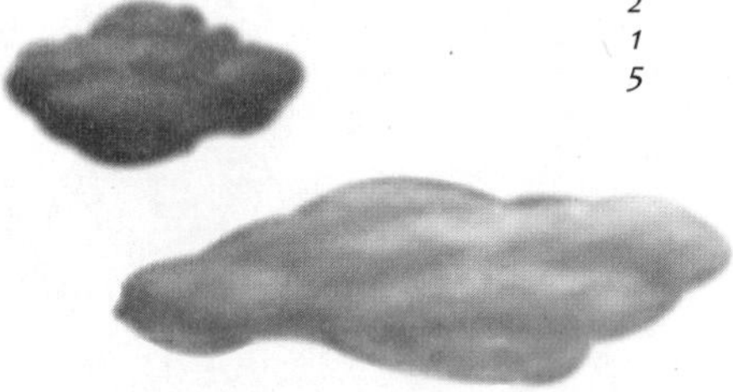

明明已經是大人了，
「孤獨」卻還是讓自己產生小時候大哭大叫的那種感覺。

〔第一章〕

說起來，孤獨到底是什麼？

知道什麼是孤獨，就不會變得孤獨

孤獨到底是什麼？

小時候，我曾經因為眼睛睜開看不到父母，於是一個人大聲哭喊：「爸爸媽媽都不在～！」

如今回頭再想那個時候「為什麼會大哭」？印象中，我好像是對著隔壁鄰居哭著求救的樣子。

為了讓當時年幼的自己，從名為「孤獨」的恐懼當中獲得解放。

那個時候的自己，到底有沒有獲得隔壁鄰居的幫助呢？我記不起來。

他們好像擔心我一直哭個不停所以過來查看，試圖隔著窗戶幫忙不斷哭泣的我，而我當時還小，沒辦法打開窗戶。

鄰居拚命試著教我打開窗戶鎖的方法，但我早已因為孤獨感而陷入恐慌，只會大聲哭叫著「哇啊啊啊！」。

因為無法理解他努力說明的事，所以最後窗戶也沒能打開——大概是這樣的故事吧？我想。

但我還隱約記得，後來父母回來的時候，鄰居向他們訴說我哭個不停的狀況。聽完整個過程，父母露出「有夠受不了」的表情把我狠狠罵了一頓。

儘管年紀還小，我就已經因為「除了自己以外沒有別人在」的孤獨感陷入了恐慌。

就讀幼兒園的時候，母親開始工作，所以每次一個人坐在幼兒園庭院裡的鞦韆上等待工作到很晚的母親時，就會感受到孤獨。

沒有別人在，沒有人陪自己玩，沒有人理會自己。這份「孤獨」讓我覺得自己心裡像是開了一個洞。

我還隱約記得上了小學後，老師說「好！大家跟喜歡的人一起組隊！」的時候，也只有我一個人落單，最後因為「沒有人願意讓我加入」的孤獨感而嚎啕大哭。

同一時期，還發生過我被點名在大家面前唸課文卻不小心唸錯，被其他同學取笑起鬨「哇哈哈！你都唸錯了嘛！」，那時我也因為感受到孤獨而手足無措，最後哭著衝出教室。

我們總是會把「孤獨」想像成「只有自己孤身一人」的狀態，但是實際上就算有人，還是會在「沒有人幫助自己」或「沒有人理解自己」的時候產生這種感覺。

的確，孩提時代如果沒人理會自己，「都沒人陪我玩」的時候，確實會感受到「孤獨」。

可是換作在學校，遇到「沒有人站在自己這邊」或「沒有人理解自己」的狀況所感受到的孤獨感，反而更加強烈。

小時候因為父母不在而大哭的時候也一樣，我陷入恐慌的原因，其實更接近「隔壁鄰居全家都在家裡，很溫暖的樣子，但我家都沒人」，所以才會「嗚哇啊啊」地失控大哭。

孤獨，並不一定是孤身一人的時候才感覺得到。

身邊有人卻依然感到孤獨，這種情況下的孤獨感更加強烈，於是讓我陷入恐慌，失控哭喊。

長大成人，放假獨自一人度過的時候，同樣也會感覺到「一個人好寂寞啊」的孤獨感。

可是真正最強烈的孤獨感，是在前往學會同儕的聚會時，遇到「大家都在開心聊天，只有我一個人落單」的狀況下產生的。

還有，像是「其他人的發表會都有很多人到場聆聽，但是自己發表時完全沒有人來」的情況，真的會讓人感受到幾乎無法再次振作的孤獨感。

明明已經是大人了，「孤獨」卻還是讓自己產生小時候大哭大叫的那種感覺。

吵吵鬧鬧
吵吵鬧鬧
孤伶伶…
吵吵鬧鬧
吵吵鬧鬧
吵吵鬧鬧

就算大哭大叫，也只是讓自己變得更悲慘。一旦陷入孤獨，自己的內心就會像是開了一個大洞，出現沮喪失意、坐立難安的感覺。

越是努力想填補那份孤獨感，孤獨感就變得越強烈，最後被迫面對「更加悲慘的孤獨」。類似經驗我已經親身體會過多次了。

說起來我一直覺得很奇怪，明明人就在身邊，但這份孤獨感到底是什麼？我也知道「既然周圍有人在，孤獨什麼的，根本沒有感受的必要啊！」、「不要一個人自怨自艾，去找別人說話不就得了！」。

可是，如果自己主動搭話的對象對自己不理不睬、甚至表示拒絕的話，搞不好會讓孤獨感暴增到無法忍受的地步？一想到這個可能性，就讓人不安到不敢開口。

就算終於下定決心找人說話，自己也拚命配合對方聊天，一起談笑，但最後「孤獨」還是會跟空虛感一同來襲，感覺「孤獨感比剛才更加強烈了」。

既然如此，跟家人在一起應該就不會覺得孤獨了吧？和家人在一起，的確不必處處迎合他們的一舉一動，可是最後終究會因為「不管怎麼說，他們都無法理解自己」，然後從這份孤獨感當中，湧現出對家人的怒火。

看來「沒有人理解我」、「他們都不懂」以及「事情發展不如己意」等狀況，就是感受到「孤獨」的契機。

那麼，假如對方裝出理解我的樣子，或是依照我的想法行動的話，我的孤獨感就會消失嗎？其實並不會。「這樣反而會覺得更孤獨」，這就是孤獨感最神祕的特質。

孤獨感這種東西，越是打算自己努力解決就會變得越強烈，而且對方也會更努力嘗試「想為這個孤獨的人做些什麼」，最後雙方都被孤獨折磨得更加痛苦。

麻省理工學院的神經科學團隊透過白老鼠實驗，在二〇一六年時定位出與「孤獨情感」相關的大腦機能部位。

將白老鼠隔離，打造成孤立狀態後，其大腦孤獨部位（中縫背核）的神經細胞就會開始頻繁活動，進而感受到孤獨。

觀察結果發現，如果把該部位正在頻繁活動的老鼠放回團體當中，神經細胞的活動會變得更加頻繁。

這個現象，是不是代表當大腦孤獨部位體驗過「孤立」，神經細胞開始活性化——也就是開始感受到「孤獨」之後——那份孤獨感就算回到同伴當中也不會消失，而且還會變得更加強烈呢？

這跟我一路走來的經驗完全吻合，可藉此確定「原來這只是腦神經細胞引發的感覺而已」！只要體驗過「被孤立」的感受，相關的腦神經細胞就會持續反應，就算回到團體，該感覺也不會消失。這就是大腦的特徵。

一旦體驗過「孤立」，
大腦孤獨部分的
神經細胞就會頻繁活動。

只要感受過
「孤獨」，

就算
回到同伴當中，

「孤獨感」也只會
越變越強烈。

如果覺得「只有自己是孤獨的」會引發這麼多問題……

根據上述實驗結果，當大腦孤獨部位的神經細胞活化時，「白老鼠會變得更富社交性」。

所謂更富社交性，是指積極與人來往，而且來往方式非常巧妙圓滑。這也是理所當然，因為不想變孤單，所以積極地融入人群，或是為了避免被對方拋棄而揣摩對方的心情等，於是造成了「來往方式變得更為巧妙」。

的確，若是從我自己的感覺來看，旁人眼中的「總是考慮到他人的心情，為了他人著想」這件事，的確代表著「更富社交性」。

可是白老鼠實驗同時也告訴我們，大腦孤獨部位一旦開始頻繁活動，就算回到團體當中，該部位也只會變得更加活性化，「孤獨感變得更加強烈」。

那麼，為了消除那份持續膨脹的孤獨感，我們必須更加忍耐、更加考慮周遭的心情，然後持續這個循環嗎？

沒這回事。

只要稍微觀察人類，就能發現「惱羞成怒」這個現象。

為了不被對方拋棄而持續忍耐、犧牲奉獻，但對方卻用冷漠的態度回應自己的時候，我們總是會不由自主地做出破壞性舉動，例如大叫「我受夠了！」繼而大發雷霆，或是直接徹底切斷和對方的關係。

這種狀況可以想像成大腦孤獨部位的神經細胞活化，該處的帶電離子「嗶嗶嗶！」地一口氣釋放出大量電氣，造成歇斯底里的發作。

如果用我的小學時代來比喻，大概就是我強忍著孤獨努力唸課文，卻被大家嘲笑「全部都唸錯」的時候，帶電離子一口氣朝著累積起來的孤獨釋放電氣，大腦瞬間爆發，導致我做出「哇啊啊！」地放聲大哭，或是採取「直接衝出教室！」之類的行動。

孤獨神經細胞活性化時，雖然會變得更為他人著想或迎合對方的言行，變得「更富社交性」，但是當帶電離子造成情緒發作的時候，社交性人格馬上就會轉變成「破壞性」人格，徹底破壞人際關係。

一旦覺得「只有自己是孤獨的」，孤獨部位的電氣就會持續累積，最後引爆情緒，讓人變身成破壞性人格，打亂人際關係。

持續忍耐，
為對方犧牲奉獻的時候
孤獨的帶電離子開始蓄電……

當對方用冷漠的態度
回應自己時，

一口氣釋放大量電氣，
造成情緒爆發。

「只有自己是孤獨的」這個想法當中，包含了「希望有人可以了解我的孤獨，陪在我身邊，讓這份孤獨獲得療癒」的意願，可是轉變成破壞性人格之後只會破壞人際關係，最後變得更「孤立」，和自己的心願完全相反。

然後再次因為「只有自己是孤獨的」造成大腦蓄電，情緒爆發，進行破壞。

舉個例子，以前我參加立食派對的時候，就曾經因為那些人看起來聊得很開心，而覺得「只有自己是孤獨的」。

那時我心裡應該一直想著：「因為沒有人過來找我說話，只有我是孤獨的。」

總之就是完全沒人理會我，我就這樣靠著牆壁站著，成為「壁花」。

有人拍下了當時的樣子，後來看到照片的時候我真的嚇了一大跳！

「咦？我的表情簡直像鬼面具一樣恐怖啊！」

簡單來說，就是因為「只有自己是孤獨的」造成蓄電、引爆情緒，過多電流流過大腦，大腦控制表情的部分觸電之後，作出了「超級恐怖的表情」。

結果，就是變成讓其他人覺得：「那個人好可怕——！」而沒人敢靠近。

我完全沒注意到自己轉變成破壞性人格。因為那是一種情緒爆發，無法靠自己加以控制。

不知不覺當中，「只有自己是孤獨的」的感受造成情緒發作，讓原本可以在那個場合建立起來的人際關係，被鬼面具一樣的表情破壞殆盡。

因為「只有自己是孤獨的」的念頭，只會出現在自己腦中，所以每個人都會覺得「反正又不會對任何人造成困擾」吧？

可是一旦出現這個念頭，腦內電氣就會不斷累積，等到「嗶嗶嗶！」地發作出來時，自己早已「轉變成破壞性人格」，並對周遭的人做出破壞性的言行，傷害到他們（所謂「轉變成破壞性人格」是指情緒變得激動，不由自主地做出破壞人際關係的言行舉止）。

這時的大腦因為情緒發作而流竄著過多電流，所以有時還會出現「喪失記憶」的現象。即使做了傷害對方的舉動，也會覺得「我才沒說過那麼惡劣的話！」，毫無半點自覺。

因為對於自己做出傷害對方的舉動毫無印象，於是更產生「只有自己是被害者」的想法：「只有自己是孤獨的。」

換句話說，之所以不知道「對方的注意力為什麼會從自己身上移開」，其實是因為情緒爆發轉變成破壞性人格的時候，沒有任何記憶的關係。

即使因為「只有自己是孤獨的」而引爆發作，也覺得「自己全部都記得」，完全不知道自己的記憶其實有所缺失。

於是便產生了「自己的記憶是正確的，錯的是別人」的感覺，也更堅定了「別人都不理解自己」的想法。

因為自己完全沒有做出破壞性言行的自覺，所以發自內心地認定「沒有半個人了解自己」。

最後的結果就是變成「只有自己是孤獨的」。

為什麼
都沒有人懂我呢？

那些討厭的事情，也都起因於「自己是孤獨的」

每當讀者主動過來對我說「我看了您寫的書！內容真的很棒！請幫我簽名！」的時候，我就會全身僵硬，腦袋變得一片空白。意思是只要有人靠近，我就會感到緊張。

接著就會開始心想：「腦中一片空白就沒有辦法正常講話了，怎麼辦！」然後陷入恐慌。

「難得人家讀了我的書，這下他一定會覺得『作者是個怪人』！」這一瞬間，自己真的會開始認真厭惡自己。

日後也會獨自召開反省大會，整個晚上都在責備自己：「為什麼那個時候沒辦法正常對話？」

這個症狀基本上是只要面對他人就會感到緊張，但最終原因仍然出在「自己是孤獨的」。

「讀過我的書的讀者，見到作者本人之後大概會感到失望，然後放棄我。」

正因為擅自這樣推測，「自己是孤獨的」於是「嗶嗶嗶！」地引起發作，腦袋開始一片空白，最後導致自己控制不了自己的思考與話語。

正常來講，如果有人對自己說：「我讀了你的書！請幫我簽名」的時候，心裡應該會出現「這個人願意喜歡我的作品」的想法，進而認為「有人喜歡我，所以我不孤獨」。

可是一旦深信「自己是孤獨的」，反射性出現的「會讓對方失望」、「會被對方討厭」等念頭一定會和孤獨結合，最後成為引爆情緒的原因。

情緒發作的我做出了遺憾的反應，對方離開時寫著失落二字的表情，也始終離不開我的腦海。每次想起這件事情的時候，情緒就會再次「嗶嗶嗶！」地爆發，像壞掉的錄音帶一樣，讓我無法擺脫這份不愉快的回憶。

如果像這樣，一直在腦中反覆播放當時悲慘的狀況，就會再也擺脫不了「自己是孤獨的」的想法。

某位先生聽到太太對自己說「今天可以把你放在桌上的東西清理掉嗎？」的時候，心想：「為什麼我一定要在這麼累的時候整理東西！」對老婆的憤怒立刻爆發。

……雖然這樣說
但還是沒做。

先生和太太
同時情緒爆發

彼此都轉變成破壞性人格。

因為「自己是孤獨的」，所以產生「老婆一點都不了解自己有多辛苦」、「一點都不為我著想」的想法，「嗶嗶嗶！」地引起情緒發作，轉變成破壞性人格。

結果就是用心不甘情不願的態度回答「好啦！我會去啦！」，讓太太也跟著不高興起來。

甚至做出明明回答「會去整理」，卻採取「完全不做」的被動攻擊（以「不做」來攻擊對方）。

太太也因為「拜託他做的事情一點都沒做」，而引發了「自己沒有受到尊重的孤獨」進而轉變成破壞性人格，開始大吼大叫：「為什麼你每次都這樣！」

而先生越是被罵，越會產生「她一點都不為我著想的孤獨」的想法，導致發作越變越嚴重，最後變成破壞性人格「不想跟老婆說話」，於是「自己是孤獨的」逐步成為事實。

一旦覺得「自己是孤獨的」，常會在意外之處帶來負面的影響。

例如在電車上，因為「明明旁邊還有空位，為什麼那個人要故意擠到這麼小的地方來？」的念頭，而「嗶嗶嗶！」地引起情緒發作。

簡單來說，這種發作其實是「我明明這麼為他人著想，為什麼只有自己必須遭受這種悲慘待遇」的孤獨所引起的。

一旦因為發作而煩躁起來，就會變得很容易被後面的人碰觸或打到。至於理由，是因為周圍如果有人很緊張，自己也會像是「被傳染緊張」一樣緊張起來，神經開始繃緊、煩躁，然後這股怒氣會轉移到別人身上，他們也會跟著覺得「這傢伙是想怎樣！」而攻擊過來。

此時「總是只有我會遇上這種事」的孤獨，會讓自己發作得更嚴重，陷入再

也無法搭乘這輛電車的孤獨。

當「只有自己孤獨」的想法引起發作，轉變成破壞性人格時，那份怒火會傳染到周遭的人身上，讓他們也變得煩躁起來。

這麼一來，自己就會擅自解釋成「別人的怒火都是針對我」，周圍的人都在試圖激怒自己，自己肯定是被所有人討厭的存在，很孤獨，然後情緒繼續爆發。

像這樣，不論去到什麼地方都有四面楚歌的感覺，越來越覺得「只有自己是孤獨的」。

變成這樣的原因，是因為沒有發現自己一直覺得「只有自己是孤獨的」，反覆為了「總是只有我會遇到這種事」而情緒爆發，影響到周圍的人，反覆製造出更多讓自己陷入孤獨的狀況。

而且就算有人告訴自己「正是『只有自己孤獨』的想法，製造出這個討厭的現況」，自己也早已深信「孤獨隨時都伴隨左右」了。

所以每次只要發生一點小事，「總是只有我會遇到這種事」的孤獨感就會開始爆發，不停地製造出宛如惡夢的狀況。

到底應該如何處理這份總是存在的「孤獨感」？感覺自己好像知道，又好像不知道，所以至今一直都沒辦法加以解決。

孤獨為什麼「一點都不有趣」？

我想休假的時候，有時會自己一個人窩在家裡十天左右。不和任何人說話，只是不斷地看書、做家事。

家裡雖然有智慧音箱，但是一個人在家的時候，我也不會跟音箱對話，只會自言自語：「今天做什麼料理好呢？」

等料理完成後，我會說著「這道菜真好吃！」，獨自感到心滿意足。只有這時，會忽然覺得：「哎呀？孤獨其實意外有趣也說不定！」

在人群或是團體之中所感受到的「孤獨」真的非常痛苦，有時甚至會引起情緒爆發，破壞人際關係，所以我才覺得奇怪：「為什麼孤獨會變得如此讓人不開心？」

答案其實很簡單。

那是因為你「把別人的孤獨當成自己的感覺」了。

大腦內有一種叫做鏡像神經元的細胞，會「模仿自己關注對象的大腦狀態」。

所以會出現例如「身邊有人很緊張的時候，自己也會跟著緊張」的現象。

如果一看到對方就能知道「這個人心裡的緊張感都傳過來了！」，就有辦法置身事外地表示「真是辛苦他了～」，對方傳來的緊張感也會變得沒有那麼難以忍受。

然而，問題在於對方看起來似乎並不緊張，但自己的大腦擅自模仿對方的大腦狀態——跟著變緊張的時候。

以前我曾和某位老師一起參加大型學會，會上必須用英文進行發表。隨著老師的發表順序越來越近，我忽然覺得「哎呀？心臟突然跳得好快！」接著「肚子也開始痛起來了！」，感覺非常難受，最後甚至全身冷汗直流，覺得：「糟了！可能要陷入恐慌了！」

當時我一直苦惱地想著「為什麼我突然覺得這麼難受？」，可是等老師的發表一結束，那些症狀竟然都像不曾出現般消失無蹤，這時我才驚覺：「哎呀？難道那些痛苦是源自於老師？」

事後，我問老師：「為什麼您看起來完全不像很緊張的樣子呢？」老師回答我：「其實昨天我緊張到睡不著，甚至連肚子都跟著痛起來，今天早上已經衝了好幾次洗手間了。」

因為老師的表情看起來一點都不緊張，所以我把原本屬於老師的緊張感當成「自己很緊張」，把別人的感受當成自己的了。

自己的感受還有辦法能夠處理，但是如果把別人傳過來的感受當成自己的東西，還不斷努力「想要做點什麼！」，最後只會帶來「感覺越來越緊張了！」的結果。

先前也有提過，孤獨其實有個很有趣的特性。

那就是麻省理工學院透過白老鼠實驗，所得知的「大腦掌管孤獨部位的細胞若是活性化，就會變得更富社交性」這個結果。所謂「更富社交性」，指的是「積極與人來往，來往過程變得更順利」。

換個角度來看，有些讓人覺得「那人好擅長跟別人相處！」，感覺跟孤獨八竿子扯不上關係的人，其實是最孤獨的。

「大家看起來都這麼開心，真好！」當你一邊這麼想，一邊把注意力放到對方身上，開始模仿對方的大腦狀態時，就會有種「異樣的孤獨感」來襲。原因是因為那個擅長社交的人，大腦掌管孤獨的部位其實正在活躍中。然而他看起來並沒有孤獨的感覺，所以你會誤以為是「自己很孤獨」。

如果把別人的孤獨當成自己的感受，就會陷入「因為不是自己的感受，所以無法處理」的痛苦之中。

所以才會覺得孤獨一點都不有趣。

看到大家相談甚歡，忽然覺得「只有自己被排擠，很孤獨」的時候，其實是

善於社交的人的
孤獨
+
只有自己被排擠的
孤獨
充滿絕望的
孤獨感
即使看起來相談甚歡，但這些人的「大腦孤獨部位」其實正處於活躍狀態。

因為「善於社交的人的孤獨」。他們的大腦孤獨部位正在頻繁活動中。
所以光是把注意力放在那些人身上，就會讓人感覺到「充滿絕望的孤獨感」。

某種意義上來說，如果你看著那些人會感受到孤獨的痛苦，其實就是看到那些人心中的黑暗面。

「如黑夜般漫無邊際的孤獨」，這就是那些善於社交的人們所感受到的孤獨。

不擅長社交的我並不像那些人，我其實感受不到那種讓人痛苦的孤獨，反而偶爾會有「享受孤獨」的行動。

我能感覺一個人比較輕鬆，感受得到孤獨所帶來的隨興和安心。

這世界上會讓人覺得「他們的感情真好，好羨慕」的人們，其實內心充滿了痛苦的孤獨。因為外觀上絕對看不出來，所以如果模仿了對方的孤獨，等於是在「只有自己孤獨」的想法上，再把別人的孤獨當成自己的感受，最後感到苦悶、難受，產生「孤獨一～點都不有趣！」的想法。

我其實有模模糊糊地察覺到這件事，但是只覺得為什麼自己以前那種可以「享受孤獨」的感覺消失了？

直到某一天，我在寫稿的時候，忽然發現一件令人震驚的事。

我的母親有六個兄弟姊妹，和所有人的感情都非常好。而且她有很多朋友，和剛認識的人也能聊得很開心，受到對方尊敬。再加上有兩個兒子（雖然不成材）……

所以我從來不曾覺得「母親很孤獨」。

雖然看到她被小姑欺負或是父親引起糾紛時，會覺得她應該很難過、很辛苦，但我真的難以想像「母親很孤獨」這件事。

可是，當我看到白老鼠實驗所導出的結論：「腦內掌管孤獨的神經細胞頻繁活動時，會變得更富社交性。」才赫然發現：「啊！原來母親一直都孤獨得不得了！」

發現這件事的當下，我心中「孤獨一～點都不有趣！」的想法瞬間消失，再次開始覺得「孤獨說不定很有趣！」。

哎呀？原來那份孤獨，是因為我把母親的孤獨當成自己的感受了！這就是我的發現。

如今回想起來，以前和擔任幼兒園老師的母親晚上一起回家的時候，母親曾經詢問當時還在就讀幼兒園的我：「你有沒有出現過好想死的念頭？」讓曾經閃過這念頭的我嚇了一跳。

然而年紀尚幼的我是這樣回答的：「怎麼可能會有呢！要是自己殺掉自己，

會下地獄的吧！」

關於當時的對話，我以前一直以為是被母親發現我心中有著「一直被大家排擠，所以孤獨得想死掉」的想法，但現在我終於了解並不是這樣。是母親自己被孤獨折磨，所以是「她想死」。

因為我把母親的孤獨當成自己的感受，所以無法進行處理，導致長期無法享受孤獨，讓我一直都很痛苦。

一旦察覺「自己的孤獨」，就能看清未來

自己認為「絕對不可能孤獨的人」其實一直很孤獨，而我的大腦在不知不覺當中模仿了那個狀態，當成「自己的孤獨」。

在這個情況下，只要能察覺這份自己想要努力解決的孤獨，其實並不是「自己的孤獨」，了解到「那個人也是孤獨的！」之後，令人不愉快的孤獨感就會從自己的心中消失。

這個時候，我會因為想知道「自己的孤獨到底是什麼樣子」，開始正視自己感受到的孤獨。然而，在我打算注意「自己的孤獨」時，又發現自己長年以來已經養成了習慣——「正視孤獨好可怕」！

因為一直都把別人的孤獨當成自己的感受，承受著痛苦，所以有種「孤獨很可怕」的感覺。可是偶然嘗試正視「自己的孤獨」時，就會驚訝地發現「哎呀？沒有想像中那樣不舒服！」

雖然孤獨確實存在，但其中完全沒有一絲一毫的悲慘、無奈，也沒有痛苦等各種不快感，反而可以感受到「寧靜」。

雖然是「自己的孤獨」，但是正面面對並感受到平靜之後，就能確實掌握到人類以外的偉大存在。

這時你就能發現「啊！原來人類必須透過『孤獨』，才能真正感受到類似神明的存在」。

所以修行僧之類的人，為了開悟，都會讓自己保持孤身一人，不和任何人接觸。感覺好像可以理解他們為什麼要這樣做了。

另外，如果在已經知道人類以外的偉大存在之後，繼續正面直視「自己的孤獨」，就會產生「啊！自己好像成為神了！」的神祕感受。

當人畏懼孤獨的時候，往往會在意他人眼光，擔心會被人討厭，而無法自由地思考行動。

可是如果能夠正面面對「自己的孤獨」，連「自己已經被神捨棄」這件事都有辦法接受的話，就能感受到「啊！我獲得真正意義上的自由了！」

試著感受「自己的孤獨」，然後發現自己其實沒有必要被他人、甚至是神的存在耍得團團轉，如此一來就能看清未來。

試著和自己的孤獨正面相視，

當你把別人的孤獨當成自己的感受，還因此被耍得團團轉的時候，「被其他人忽略」、「被其他人拋棄」等絕望般的黑暗，就會席捲而來，讓人對未來不抱任何希望。

可是，只要不再把他人的孤獨當成自己的東西，進而發現「自己的孤獨」，未來就會變成一條康莊大道，不管做什麼都是自由的，想挑戰任何事物也都沒有問題。

一旦察覺「自己的孤獨」，就不會繼續在意別人對自己做的事情有何感想，於是得以心平氣和地朝著自己想做的事情努力前進。

相信有很多人覺得：「想透過區別自己的孤獨和他人的孤獨，藉此發現自己的孤獨，這件事應該很難吧？」

因為一般人活到目前為止，從來就不曾把別人的孤獨和「自己的孤獨」分開過，所以才會覺得「現在要我做區別也太強人所難」！

可是，一旦區別出「自己的孤獨」和他人的孤獨，並且成功注意到「自己的孤獨」之後，就會產生「啊！我自由了！」的想法，同時還能感受到「我說不定擁有無限的可能！」的魅力。

因為至今一直處在「世事難料」、看不見未來的狀態下，所以一旦知道察覺「自己的孤獨」會發生這種好事，自然會產生興趣。

那麼，現在就來介紹「察覺自己的孤獨」的簡單方法吧！

當你感受到「孤獨」的時候，只要閉上眼睛凝視自己的內心，如果發生「啊！浮現出別人的身影了！」的狀況，就表示那份孤獨是屬於「那個人」的。接著，把「那個人」請出自己的內心，自然就能看見「自己的孤獨」。

此外還有「受孤獨所苦」的時候，請再次閉上眼睛，把注意力集中在「受孤獨所苦」的感覺上，有時會出現「啊！有好多人浮現出來了！」的狀況，內心浮現出好幾個人——此時，也把這些人請出自己的內心。

當內心再也沒有其他人逗留，這時所感受到的孤獨就會是「自己的孤獨」。「自己心中一旦沒人就覺得好寂寞」的念頭，正是「自己的孤獨」。

為了讓自己察覺到這份孤獨，必須把每次感受到孤獨時出現在腦海中的人們，漸漸排除在自己的內心之外。

這些浮現出來的人，並不是自己強行刪除，而是抱著「即使跟這個人在一起，我也還是很孤獨」的想法，這麼一來，那個人就沒有必要繼續出現在自己的心中，於是消失。這就是基本作法。

如果浮現的人是父母，就想著「就算和父母在一起我也很孤獨」，如此就能

感受到「孤獨」時，
就閉上眼睛凝視自己的
內心。

如果有人
在腦海中浮現……

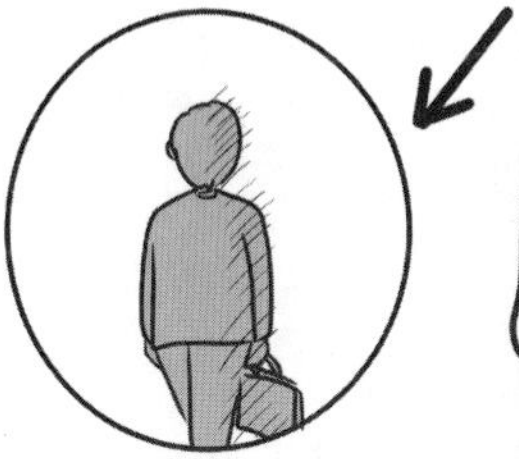

這份「孤獨」
是屬於那個人的，
於是請他離開
自己的內心。

如此一來……

就能看清
自己的孤獨。

和「自己的孤獨」面對面。如果下一個浮現出來的人是朋友，就想著「跟這個朋友在一起，我也還是很孤獨」，朋友的存在很快就會消失。

如此一來，就會浮現出類似神明的存在。如果剩下「跟這個存在在一起，我也還是很孤獨」的話，那就是真正的「自己的孤獨」了。

隨後，將會從這份孤獨當中湧現出力量，你會開始相信自己擁有各種無限可能，開始期待明天的到來。

同時也會發現到，自己是為了填補「自己的孤獨」，而把當時出現在自己心中的人們所擁有的孤獨當成自己的感受，所以才會覺得孤獨很痛苦。但是，真正的「自己的孤獨」，其實對自己來說是必要的。

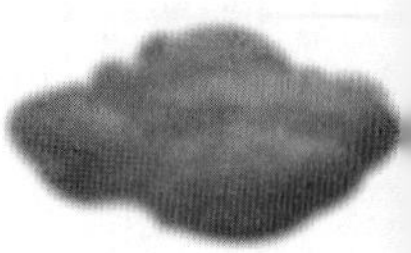

那麼，我們就來消滅孤獨吧

雖然只要正視「自己的孤獨」即可，但可能有些人會堅持，自己完全不需要「孤獨這種東西」。

「接受自己的孤獨」這句話流傳在街頭巷尾，也有很多討論「孤獨是好東西」的著作。

可是，我始終覺得那些說法只是紙上談兵，不切實際。像是「好像被人蒙混帶過話題！」或「總覺得只有自己孤獨，感覺虧大了！」之類的感覺。照理說

大家感受到的孤獨，應該沒有這麼嚴重才對。

既然如此，最好的方法就是消除「只有自己能感覺到的孤獨」即可。到底該怎麼做才能消滅孤獨？當我開始思考這個問題的時候，也同時回頭思考了：「看起來不覺得孤獨的人都在做什麼？」

我試著回想那些看似和孤獨無緣的人，回想他們做過的事，腦中浮現的是「和朋友們和樂融洽地聊天」或是「和朋友一起參加演唱會或吃飯」等光景。

至於自己是否也能做到同樣的事？答案是「做不到」。因為只要和人說話就會想到「不知道對方是怎麼想的？」，所以沒辦法像那些人一樣，盡情享受聊天的樂趣。

即使想邀請朋友一起參加活動，反而會更認真地擔心「要是被對方討厭該怎麼辦」，因此變得綁手綁腳。也許有辦法裝出玩得很開心的樣子，但這並不是真正的開心，等重新恢復一個人的時候，就會被前所未有的空虛和寂寞包圍。

即使和許多人一起聊天，也會因為自己太過在意對方，以至於停止交談、陷入沉默。

自己沒有參與時，話題依然順暢地進行，現場氣氛尷尬到讓人心想：「為什麼只有自己在場的時候聊不起來？」隨後，「只有自己無法融入」的孤獨感便大舉來襲。

既然如此，感受不到孤獨的人跟自己之間的不同點，到底是什麼呢？仔細思考後，發現話題和興趣等都有所不同。

因為我對於別人的謠言、和演藝相關的八卦完全不感興趣，所以就算和大家一起討論這些事情，也有種「完全跟不上話題」的感覺。一旦心裡暗想著「聊這種東西又能如何？」、針對話題的意義和意圖進行思考，就會覺得毫無意義，無法跟大家一樣愉快聊天。

和朋友一起參加活動也一樣，總是會忍不住心想「和大家一起去那裡又能如何？」，並思考行動的目的。

就自身角度來看，我只是不想被排擠才會參加，是單純的交際應酬，所以就算表面上裝出非常開心的樣子，最後還是會陷入「一點都不好玩！」的感覺裡，感受到樂在其中的朋友和自己的溫度差異，於是孤獨等負面情緒接踵而來，讓我痛苦不已。

從這裡可以看出一個前提，那就是「自己和其他人不一樣」。

和其他人的興趣不同，話題不同，想法也不同。因為「和大家不一樣」，導致出現「孤獨」的結果。

因為自己和大家不一樣，不想因此被大家排除在外、不想變得孤獨，所以才會努力試著打入大家的圈圈裡。

儘管試圖打入圈圈，但是和大家不一樣的自己始終無法成功融入團體，最後就是變得孤獨。

寫到這裡可以明顯看出，正是為了消除「孤獨」而進行「找出自己和大家不一樣的地方」的行動，導致「反而變得更孤獨」的狀況出現。

那麼，只要把整個行動顛倒過來，應該就可以消除孤獨了。如果尋找相異點會造成孤獨的話，「尋找和大家的相同點」就行了！

只要尋找和其他人的共同點，說不定就能消除孤獨！

如此一來，問題就會變成「何謂相同點」。說得極端一點，就是「大家都是人類」、「都有眼睛鼻子嘴巴」之類的。

然而，對於至今一直尋找「和大家的相異點」而飽受孤獨之苦的人來說，就算有心尋找相同點，也還是只會看到相異點，最後心想：「我果然跟大家不一樣，我好孤獨！」

這時，我們該做的，就是做出「找出相同點有點難度」這個結論，然後透過「整體感」來消除孤獨。所謂「整體感」，就是當一個團體同心協力時所得到的感覺。

假設在學校和班上同學討論文化祭要擺什麼攤位，當「大家的意見一致！」、「大家都朝同一個方向努力」時，就能獲得「整體感」。又或者是在喜歡的歌手的演唱會上，大家都覺得「好帥！」而且想為他加油的想法合而為一時，就能獲得「整體感」，同時也會感受到「啊！孤獨消失了！」。

既然如此，可能有人會覺得自己只要勉強迎合大家的意見就好，但實際上並不是這樣。

因為勉強自己迎合別人，只會讓「自己果然和大家不一樣！」的感覺在檯面下日漸膨脹，害自己被孤獨折磨。

所以不必刻意迎合，只要努力追求「整體感」，「多多了解其他人！」即可。

因為不了解其他人，所以才會覺得「自己跟大家不一樣」。然而只要懷抱著興趣去理解其他人，就會出現「啊，我和大家意見相同！」的結果。

不是尋找和大家不同的地方，也不是勉強自己配合其他人，而是抱著「追求整體感」的想法去了解對方，藉此獲得「整體感」，然後帶來「孤獨消失了！」的結果。

舉個例子，假設你前往國外，並抱持著「這些人到底擁有什麼樣的文化呢？」

的想法和對方交談，然後漸漸了解當地特有的文化和歷史，以及各種習慣和有趣的思考模式。

如果只著眼於「和自己的文化不一樣」自然會感到無聊，可是當你心想「喔！原來是因為有這段歷史，所以才有這種習慣！」並試著模仿的時候，你就會在不知不覺當中，把外國人認知成「同伴」。

這時，你會感受到和外國人之間的「整體感」，而且最後不會只有你一個人覺得「要離開了好難過～」，連對方也會這麼想。

這種「對其他文化抱持興趣而生的整體感」，可能就是長年覺得自己和其他人不一樣、感受著孤獨的人所能做的事。

我們總是會在不知不覺當中，基於認知「他就是那種人」的想法做出「認定」。例如以「因為他就是厚臉皮」、「因為他的個性就是容易生氣」或是「他

因為不了解其他人，

所以會這麼想，

如果抱著興趣
去了解對方的話……

好怪！」等框架來評斷對方，而不是根據「對方的文化」。

建議大家在日常生活當中，也把心態調整成「每個人都是異國文化」，像是在觀察外國人一樣，抱著興趣觀察對方。

舉個例子，如果公司有個不做事的部長，我們通常都會把對方歸類成「什麼工作都不做，只會擺架子的爛人」！

換成觀察「異國文化」的角度，來看同樣的事。

例如以「午餐時，他邊看報紙邊吃便利商店的梅子飯糰，吃一個飯糰所需的時間是兩分二十秒」，用類似這樣的感覺進行觀察。

還有「部長持續盯著電腦畫面兩小時，過去請他在文件上蓋章的時候，順便確認了畫面內容，是網路圍棋」、「文件完全不看內容，馬上蓋章」、「自己買瓶裝茶回來，花兩小時喝完」……等等。

這些事情可能都讓你覺得「有夠無聊」，可是真的在意起來的時候，當成「異國文化」來觀察，通常都能讓你看到不同於以往的東西。

不要「擅自認定」，請耐心觀察。等到收集了大約五十個情報的時候，就能看到「啊！這個部長可能很信賴自己的部下！」，進而發現過去從未得知的「文化」。

換作自己，如果不持續監視部下的一舉一動，就無法相信他們，但這個人卻不一樣——透過這樣的觀察方式，就能和過去一直討厭的上司產生「整體感」。

因為每個人都擁有不同的文化，所以請試著接觸對方的文化吧。一旦產生興趣、開始模仿的時候，就能把對方視為「同伴」，並產生出「整體感」。

將來不論何時何地，當你覺得孤獨時，就試著回想當時所感受到的「整體感」，孤獨自然會消失無蹤。

大家看起來很幸福，只有自己「很孤獨」……

〔第二章〕

那些問題，都是「那個人的孤獨」的錯

那個討厭的人只是很孤單而已

「別人看起來很幸福」為何會讓自己沮喪

有個人得了「一到週末就不想出門」的病。

理由是因為一到週末外面就有很多攜家帶眷的人，讓他覺得「大家看起來都好幸福」而感到沮喪。

大家看起來很幸福，只有自己「很孤獨」，因此感到沮喪。

如果把這件事告訴別人，通常都會得到「不要這麼在意別人就好」的回應。

可是自己無論如何都會注意到那些看起來比自己幸福的人，心想「為什麼我會這麼孤獨悲慘」，心情變得很糟糕。

像這樣因為他人看起來很幸福而感到沮喪的人，都有個特徵。

那就是「和別人商量自己的孤獨」。

和朋友坦承「只要出門，我就會忍不住去看那些幸福的人們，然後開始沮喪」的時候，朋友往往會表示「你自己也有家人啊！」，或是「你不也有看起來很開心的時候嗎？」。

這時，自己如果回答「可是我被家人討厭，就算和他們在一起也一點都不幸福」，或是「我只是假裝自己很快樂，完全沒辦法像大家一樣盡興」。自己說出口的「被家人討厭」和「只是假裝很快樂」等話語，會變成一種「自我暗示」，讓自己更因為「別人看起來很幸福」而陷入沮喪。

人類有個特質叫做「慣性」。

持續看著一個幸福的家庭，剛開始還會覺得「真好」，但後來會漸漸產生「慣性」，最後只會把它視為「風景的一部分」。

妨礙自己在「慣性」之下解放孤獨感的最大敵人，正是「自我暗示」；然而，在此之前的「討論對象」，其實也是根本原因之一。

和朋友或商量對象（例如算命師或心理諮商師）進行討論時，對方心中的「成見」會開始運作。

所謂的「成見」，就是擅自認定「這個人一定是這樣」。

當自己開口坦承「感到沮喪」的時候，對方心中已經擅自認定「這個人很沒擔當，所以才會聊這個話題」，進而認為「這個人必須調整心態，不然本性難移」。可是不能直接把「你這是在撒嬌！」說出口，所以才會回答「你自己也有家人啊」之類的話。

此外，對方會在聽了自己的告白之後，擅自認為「這人好麻煩！」或「感覺好噁心！」，然後依此做出判斷，但最後仍然會對你露出笑容，說出「你不也有看起來很開心的時候嗎？」這種看似安慰的話。

前面也有提到，大腦裡面有種叫做鏡像神經元的東西，擁有「自動模仿自己在意的對象」的功能。例如大腦會擅自模仿緊張的人的緊張之情。

如果你的商量對象在腦中暗自責備你「沒擔當！」、「這人好麻煩！」、「感覺好噁心！」，而你的大腦模仿了那些感受，你就會開始責備自己「我就是這麼沒擔當」，或是「我就是只會羨慕別人的噁心人類」。

之所以完全無法想像這份歸咎感其實是來自於朋友，主要是因為口頭上說的

話語完全不是這麼一回事。

所以每次看到那些幸福的人們，你就會開始責備自己「我就是這麼沒擔當」、「我真是個噁心的人」。責備讓「慣性」遲遲無法產生，再加上是自己責備自己，以至於越來越「沮喪」。

那麼，為什麼朋友和商量對象的腦中，會出現責備孤獨者的念頭呢？

如果身邊有孤獨的人，不論身為朋友或身為商量對象，應該都只要跟對方說「沒事的，你不是孤身一人！」就好，但總是會說出讓對方感到混亂的話，而且心裡還會出現責備孤獨者的想法。

關於這一點，同樣跟模仿對方大腦狀態的鏡像神經元有關。

就像自動模仿緊張的人心中的緊張一樣，一旦模仿了孤獨之人的孤獨，就會造成「孤獨的發作」，轉變成破壞性人格。

因為接受商量的人，在鏡像神經元的作用下受到「孤獨」影響，轉變成破壞性人格。找人商量的人又再次接收到這個負面思考，最後讓對方陷入「責備自己」的惡性循環當中。

再怎麼了不起的人，都一定會出現「孤獨的發作」。

不會發作的，大概只有佛祖或耶穌吧？大多數再怎麼德高望重的人，或是看起來無比幸福的人，都一定會因為「孤獨的發作」轉變成破壞性人格。

於是越找人商量，不愉快的感情越不會消失，必須繼續找人商量。

而接受商量的人也受到對方「孤獨」的大腦狀態影響，變得更加容易發作……這種狀況不難想像。

所以那些接受商量的朋友們，在心中浮現出「他正在找人撒嬌」之類的苛刻

找人商量的人的「孤獨」影響到接受商量的人的大腦……

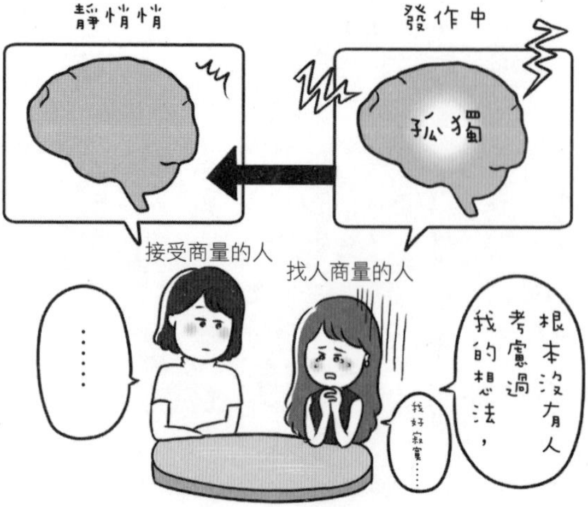

接受商量的人的負面思考，會回傳給找人商量的人，導致惡性循環

發作→轉變成破壞性人格

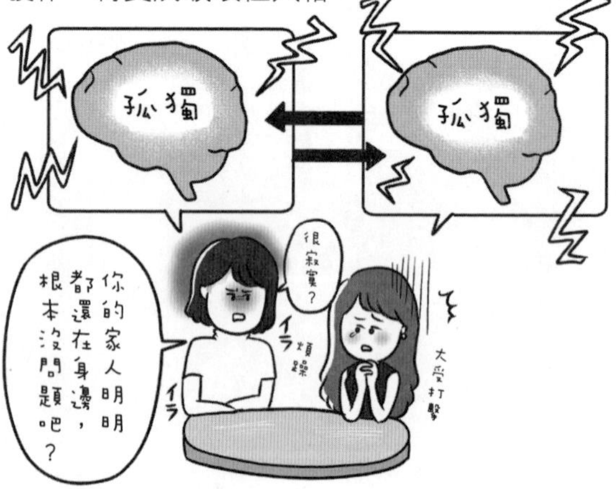

話語時，也會深信「那是自己真正的想法」。

然而實際上，那些破壞性的負面思考都是因為「孤獨的發作」而產生，並不是自發性的。

只要放棄找人商量，自然就會變成「哎呀？就算看到別人很幸福，也漸漸覺得無所謂了」，非常神奇。

為什麼「孤獨」會讓那個人轉變成破壞性人格？

人類體內都具有一種保持平衡的機能，叫做「恆定」。例如生氣興奮的狀態之所以不會長期持續，就是因為「恆定」機能發揮作用、中和了興奮賀爾蒙，才得以恢復平常心。

其實感情也有「恆定」機能。

簡單來說，就是當一種感情出現的時候，為了恢復平常心，就會自動湧現出和前者相反的感情。

其中最有名的就是「愛憎」。

俗話說「愛之越深，恨之越烈」。意思就是過去覺得可愛的情感越強，等日後開始憎恨對方的時候，恨意就會變得更深。

為了讓「可愛」的情感恢復平靜，「恆常」機能會開始運作，使那個人心中完全相反的感情——憎恨，變得和「可愛」一樣劇烈。

所以，遭到「拒絕」之後心情會馬上轉換成憎恨，就是這個道理。

人類都會追求「接納和同理心」，希望對方接受原原本本的自己，以及希望對方正確了解自己的心情。

同時也因為「恆定」機能發揮作用，所以就會嘗試和相反的情感——拒絕與

否定——取得平衡。

相信任何人都能想像出以下情景：「要是突然被對方拒絕肯定會大受打擊，所以先做好最壞的打算。」

舉個例子，打電話到客服中心申訴的時候，通常都會事先預判對方的態度一定會很糟糕，進而想像「和對方吵架的畫面」。

可是大腦中的「拒絕與否定」作用，就算沒有刻意去想也會自動運作。所以越是想像客服人員清楚了解我方的狀況，而且放低姿態表示：「真的非常抱歉，這是我們的失誤！」願意接受我方的所有要求，腦中越會清楚浮現完全相反的畫面，藉此取得平衡。

也就是說，在打電話之前，大腦早已在不知不覺當中想像出客服人員反駁「明明是你自己搞錯使用方法！」、「類似申訴我們一概不接受，說明書上都有寫！」之類對我們表示拒絕、否定的畫面。

所以，就算覺得「打電話實在是千百個不願意」但還是撥出號碼之後，一旦客服人員說出類似「我聽不太懂您所說的狀況」這種刺激自己孤獨感的話，內心平衡馬上就會朝著「拒絕與否定」傾斜，瞬間轉變成破壞性人格開嗆「你說什麼！這個王八蛋！」，成為典型的奧客。

因為得不到原本期待的「接納和同理心」而產生「孤獨」，進而導致失去平衡，最後因為「拒絕與否定」轉變成破壞性人格。

就大腦神經的作用來看，「接納和同理心」是抑制興奮的抑制性神經發揮作用，「拒絕與否定」則是興奮性神經出現積極運作。

可以想像成這兩者透過電流刺激，在腦內取得平衡。一旦出現刺激讓人感受

到「孤獨」，抑制性神經的力量便隨之減弱，腦內就會產生劇烈的電氣亂流（過度興奮）。

電氣亂流產生的那一刻，人就會轉變成「破壞性人格」。

假設你非常努力完成一項工作，心裡想像著上司誇獎自己「做得好，真厲害！」的同時，腦中其實也浮現出完全相反的打槍畫面，例如「為什麼花這麼多時間！」或「這份報告根本沒辦法用！」等，在檯面下暗自取得平衡。

再假設你告訴上司「工作完成了！」並提出報告書的時候，上司連看都沒看你一眼，單手接過報告隨便翻看了幾頁，就對你說：「好，辛苦了。」

這時自己被「上司根本不懂我有多辛苦！」的想法刺激到「孤獨感」，腦內的電流平衡瓦解，開始「嗶嗶嗶！」地引起情緒發作，因為「拒絕與否定」轉

期待上司開口讚美的同時，

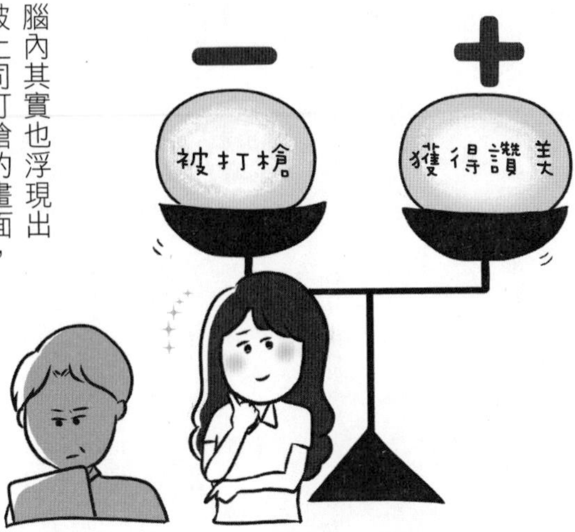

腦內其實也浮現出被上司打槍的畫面，藉此取得平衡。

如果得不到期待中的反應，腦內的電流平衡就會瓦解。

進而引爆孤獨的發作，一口氣轉變成破壞性人格。

變成破壞性人格，最後產生「我再也不想在那種上司的底下工作了！」、「已經不想再待在這種職場了！」的念頭，於是突然開始找新工作。

看在旁人眼裡可能會覺得「咦？就因為這點小事？」，但是自己的期待越大，為了維持平衡所產生的相反畫面，也會更多。

所以大腦電流很容易就會陷入混亂，只要出現任何讓人感受到「孤獨」的契機，立刻就會引發激烈的電氣亂流，轉變成「破壞性人格」。

這件事情發生在某位太太費盡心思做好晚餐，等丈夫回來的時候。她根據過去經驗想像著：「反正就算我這麼努力做菜，那個人肯定也不會表示感謝吧？」

同時她也設想了最糟糕的情況，例如沒有事先連絡就「已經在外面吃過了」，或是回應「午餐吃太多，希望晚餐可以吃清淡一點」。

可是這個時候，人類大腦「取得平衡」的「恆定」機能一定會產生作用，所以「拒絕」的反義——「接受」，同樣也在檯面下波濤洶湧。

檯面下想像的是丈夫邊說「做這麼多菜一定很費工吧！」邊吃得津津有味，或是讚美著「哇啊——好厲害！你越來越會做菜了呢！」，藉此和「拒絕與否定」取得平衡。

即使心裡認為「咦？我才不會對那種人抱持期待！」，但越是想像對方否定的態度，腦中也會自動浮現完全相反的想像畫面。

所以等到丈夫回來開始吃晚餐，太太問他「好吃嗎？」，而丈夫看也不看地回答「什麼？」的時候，這就會成為「根本不懂我有多辛苦！」的孤獨引爆點，造成腦內出現激烈的電氣亂流：「什麼嘛！這個爛人！」接下來，太太的怒火爆發，導致出現破壞性的言行，大吼大叫：「為什麼你之前明明說你會收拾桌

子卻完全沒做！」

至於丈夫接收到太太破壞性的言行後，也跟著發飆「我工作這麼累回家，沒有人像你這樣講話的！」於是太太更加認定丈夫是個「連自己說過的話都沒辦法做到的爛人！」，關係變得越來越殘破不堪。

如何才能不被其他人的「孤獨」牽著走？

「孤獨」會讓人出現情緒發作，轉變成破壞性人格。

情緒發作時，人類腦中會出現激烈的電氣亂流。

所以如果你想試著為那些「孤獨」爆發的人做些什麼而進行接觸，反而會被對方「嗶嗶嗶！」地電到，心中馬上就會湧現針對那個人的憤怒「覺得心情變超差！」，或者是湧現出「好像做了很對不起那個人的事」的罪惡感，從此一天二十四小時都在想著對方，被那個人耍得團團轉。

不僅如此，如果我們因為接觸他人的發作而被電到的時候，我們也會模仿起對方的大腦，跟著發作，最後變成我們的發作電流逆流到對方的腦中，使那個人的發作越來越嚴重。

這種現象，我們諮商師稱之為「發作跨不理」，意思是一旦看到「因為發作而倒地不起的人」，最好直接跨過去不要理他。這是一般常識。

可能有人會覺得「什麼嘛！怎麼這麼冷淡！」，然而面對一個正在「嗶嗶嗶！」放電的人，如果覺得「必須為他做些什麼！」、隨便伸手觸摸，只會害自己觸電。

直接跨過那些因為孤獨導致「發作」、進而變得充滿「破壞性」的人，這麼一來對方就會忽然覺得「啊！發作停下來了」！

隨便接觸正在「發作」的人
會跟對方一起被電到，

進行「發作跨不理」
等待對方的發作自然停止。

「發作跨不理」

請務必謹記，如果抱著「想為對方做些什麼」的想法、接觸正在發作的人，除了自己也會帶電之外，還會讓對方的發作更加嚴重，變成如同惡夢一般恐怖。

例如，某位女性的另一半對著她大發雷霆：「為什麼沒有事先通知我說你要去參加公司聚餐！」

對此，女方覺得「我應該要更早通知他的！」而感到內疚，於是開口說了：「對不起。」

結果另一半變得更加生氣，大吼大叫：「你每次都這樣！而且平常連房間都不收！一點都沒想到我！」女方的心情跟著變差。

可是女方又覺得自己沒有收拾房間是事實，於是試著告訴對方：「真的很抱歉，我其實隨時都有考慮到你啊！」

即便如此，另一半依然表示「你永遠都只是說說而已，從來都不打算動手實行吧！」，而女方也只能一直回答「對不起」。

最後另一半的怒火越來越旺，爆發到「沒辦法繼續跟你走下去！」的程度。

類似情形時有所聞，可能有人會疑惑：「咦？這個狀況哪裡是發作了？」

其實，另一半的腦中有「自己沒有被同事邀請參加聚餐」或「她把公司同事看得比我還重要」等想像畫面，這份孤獨造成腦內出現劇烈的電氣亂流，轉變成破壞性人格，所以才會開口攻擊女方。

女方雖然沒有意識到，但她心裡想的其實是「要趕快反省，讓對方的怒火平息」。而且女方也被另一半的發作電到，心情變得很糟糕。一旦觸電，對方的發作就會變得越來越嚴重，陷入「無法停止破壞性人格」的狀態。

這種狀況下，女方必須在遭受責備的時候，認知到「啊！另一半現在正在發作！」，然後採取「發作跨不理」當中的「不理會對方」的做法。

但是要記住，不能採取「無視」或「沉默」。

因為那其實是被對方的發作電到的狀態。

所以，真正應該做的是告訴對方「我一小時以後再回來喔！」，跨過正在發作的另一半，到附近的家庭餐廳一邊喝茶一邊看雜誌，之後再回家即可。

這麼一來，另一半就會發現「哎呀？她幫我準備了晚餐」。以前對方的怒火總是越燒越旺，讓事態一發不可收拾，但是離開之後再回來，就發現他的心情已經完全平復下來，讓人忍不住心想：「喔！發作跨不理說不定挺好用的！」

這時，要記得千萬別說「剛剛真是對不起」。因為一旦說了，對方就會再次開始發作。只要當成什麼事情都沒發生，就能恢復原本普通的生活。

未來如果對方再次發作，也同樣直接跨過正在發作的他，離開現場。反覆幾次之後，你就會發現「啊！他漸漸不發作了」！

這個做法最需要注意的地方，就是「自我反省」同樣屬於試圖緩和對方發作的行為。

當自己因為對方的反應感到不愉快時，只要確實認知到對方「啊！這人正在發作！」，知道他正因為孤獨而情緒不穩，自己就不會受到影響，對方的發作也不會變得更嚴重。

有些人可以清楚判斷出他正在發作，例如職場上司；然而，有些時候「想要直接跨過不理可能有難度」。

這時就要改用其他方法。當發作對象是無法跨過不理的人，就試著在心中默唸「我也是孤獨的」。

因為儘管自己很清楚對方正在生氣，大腦依然會自動模仿對方，於是發現

「啊！這個人很孤獨」，變得「想要為他做些什麼！」，於是產生出「說了多餘的話！」、「必須反省！」等一連串後續流程。

因為越是採取這些動作，對方的發作會變得越來越嚴重，所以這個時候必須在心中默唸「我也是孤獨的」。如此一來，原本覺得「必須為對方的孤獨做些什麼！」的焦躁感就會消失，得以冷靜面對對方的發作。

「因為我也是孤獨的啊。」

再加上所謂孤獨的起因，是對方腦中深信「只有自己是孤獨的」，所以只要讓對方知道「孤獨的人不是只有你」，就能讓「對方的孤獨」和「自己的孤獨」抵銷，抑止發作。

根據腦內電流的「恆定」機能，當我方變得孤獨時，對方心中的「啊！他懂我心中的孤獨！」和「孤獨的人不是只有我！」兩者都能取得平衡，進而不再發作。

當對方正在發作的時候，
就在心中默唸
「我也是孤獨的」……

把「孤獨的人不是只有你」的想法
傳達過去，讓對方的「孤獨」和
自己的「孤獨」互相抵銷。

看得見對方的「孤獨」暗示了什麼？

任何人在感到孤獨時，腦內都會出現劇烈的電氣亂流，陷入發作狀態，所以無法確定「啊！這人是因為孤獨才把事情搞得這麼麻煩！」是否為真。

因為看不出來，所以會覺得「必須為這個人的不快感做些什麼！」，而主動接觸正在發作的人，造成發作更加嚴重，最後變成「被對方的孤獨牽著走」。

如果能像戲劇主角展現「孤獨」的演技時一樣，只要看到就知道「啊！這是孤獨的表情！」的話，自然就會知道「不可以接近孤獨的人！」、「試圖干涉那人的孤獨，只會害自己疲於奔命！」。然而，最麻煩的就是完全看不出來！

這時，我們可以試著暗示自己看見對方的孤獨。
這個暗示就是：「我是不是感受著孤獨？」

為什麼想看見「對方的孤獨」必須提到「自己的孤獨」？相信有些人應該會對此抱著疑問。
這是因為大腦的鏡像神經元的性質，就是「會自動模仿集中注意的對象」。
所以才要試著默唸：「我是不是感受著孤獨？」

小說漫畫裡，經常出現開悟的人告訴別人「用你的心眼去看！」的畫面。
小時候總是對此抱著疑問，心想「咦？怎樣叫做用心眼去看？」、「是要閉

上眼睛嗎？」、「還是必須使用超能力之類的？」，而且在認真嘗試過許多方法之後，確定了「根本沒辦法用心眼去看！」這件事。

可是，自從知道有「鏡像神經元」這個方便的東西，我馬上就理解了——原來如此，就是這個意思啊！

因為大腦會自動模仿對方，所以注意力不是放在眼前這個人的表情或舉止上，而是集中在自己所感受到的事物上，就能「知道對方的感受！」這就是所謂的「用心眼去看」。

舉個例子，假設另一半正在憤怒地大吼大叫：「為什麼我說的事情你都不做！」

今天的確一整天都懶洋洋的，逛網站逛到忘了時間，直到看見對方的臉才想到：「啊！糟了，我完全忘記他有拜託我做事！」

另一半把怒氣發洩在你身上時，

都是你不好！
我是不是感受著孤獨？

……默唸這句話
並旁觀對方的怒氣。

發現怒氣的真面目

被丈夫說得很難聽！
根本沒有人重視我。
這股怒氣是屬於丈夫的……
丈夫正感受到「孤獨」！
怒氣

換做是平常，應該會馬上惱羞回嘴：「我也是很忙的！又不是你的女傭，不要擺出一副了不起的樣子！」

結果另一半變得更火大，「你每次都這樣，拜託你做事根本連試都不試一下！」怒火越燒越旺……最後多半會變成這個樣子。

當另一半把怒氣發洩在你身上時，建議默唸「我是不是感受著孤獨？」看看。

如此一來你就可以看清自己的內心，知道內心正在爆發怒氣。

然而那並不是「因為另一半說得很難聽所以很生氣！」，而是從另一半身上傳過來的感受。建議一邊默唸「我是不是感受著孤獨？」，一邊旁觀這份怒氣。

隨後你就會發現：「啊！我感覺到不受任何人重視的孤獨！」

但這種感覺很容易被誤認成「不是來自另一半的怒氣，而是自己的感受」，再加上另一半的無理舉動，所以一不小心就會當成自己的東西，被對方的孤獨耍得團團轉。

這時就必須回想起「用心眼去看」，也就是當你把注意力放在對方身上時，大腦自動模仿對方的狀態。

如此一來，就能分辨出「這個人的感受，其實是不受任何人重視的孤獨」。

因為這時已經知道「啊！他之所以把怒氣發洩在我身上，是因為爆發了『孤獨的發作』」，所以實踐「發作跨不理」，回應幾聲「好好好」之後離開現場。

過一陣子之後，另一半自然會過來道歉解釋：「剛剛很抱歉！都是因為在公司遇到討厭的事！」而你也能確認「我果然不是孤獨的！」，進而發現「用心眼去看實在太厲害了」！

假設有個人和朋友們一起喝茶聊天，聊著聊著，朋友忽然對自己說：「你這個人真的很難約！所以才會沒有朋友！」你的腦袋瞬間變得一片空白。

你忍不住心想「我真的被大家討厭成這樣？」、「大家是不是都在背地裡說我壞話？」，整個人大受打擊，隨後產生「我再也振作不起來了！我不想再跟那些人來往了！」的想法。

可是，你之所以心生「不愉快」，很可能是因為對方轉變成破壞性人格。所以必須默唸那句咒語「我是不是感受著孤獨？」，用心眼去看。

這種打擊下產生的孤獨，確實讓人有種「悲慘」的感覺。於是心想「唉！被朋友說了『所以你才沒有朋友』這種話，覺得悲慘也是很正常的」，一不小心就把這份感受當成自己的東西。

可是如果默唸「我是不是感受著孤獨？」並用心眼去看，就能發現「啊！是對方覺得我不理她！所以才感受到悲慘的孤獨！」，心情馬上輕鬆不少。

為了避免被對方的孤獨耍得團團轉，可以試著直視對方的眼睛告訴他：「原來是這樣。」同時在心中默唸「我也是孤獨的」，如此一來就能看見「對方的發作停了下來，表情變得穩定多了！」正因為如此有效，「用心眼去看」才會這麼有趣。

反省過後，為什麼「那個人」變得更加討厭？

動物一旦感受到危險，就會在「戰」或「逃」兩者之間擇一。至於人類和其他動物不同的地方，則是在感受到危險的時候，不只是選擇「戰」或「逃」，還增加了「反省」這個選項。

當對手開始生氣的時候，動物就會出現「戰」或「逃」反應。

人類則是會開始反省：「可能是自己的某個動作激怒了對方。」

然後為自己的言行道歉，希望能藉此平復對方的怒氣。

舉個例子，當自己遲到的時候，發現早已抵達的對方滿臉怒容地責怪自己：

「慢死了！」

看到對方表情的當下，自己馬上開始反省：「啊！早知道就更早一點出門！下次絕對不要再遲到了！」並開口向對方道歉，說「對不起！」。

就常理來說，這是「再理所當然不過的事」。

因為沒有準時在約好的時間抵達，讓對方感到困擾，當然需要反省。對方也覺得你道歉是正常的。

可是有些時候，當你開口說出「對不起我遲到了！」時，對方會開口責罵「你每次都這樣！」怒火燒得更旺。

因為對方的怒火沒有消失，所以你也跟著覺得：「咦？我已經有好好反省而且道歉了耶！」然後有點煩躁起來。

結果對方再次表示：「你根本沒有在反省吧！」

「咦？不不，我真的對自己遲到感到抱歉！已經認真反省了，下次一定會在約定時間之前就抵達。」

你這樣告訴對方，但是已經怒火中燒的對方馬上回應：「你每次都只是口頭上說說而已不是嗎！只是嘴巴上說很抱歉，但每次都發生同樣的事！你到底在想什麼東西啊？」說得你啞口無言。

於是你一邊嘆氣一邊繼續道歉：「真的很抱歉。」但對方依舊表示：「你根本不是誠心誠意在道歉！你一定覺得自己都沒錯吧！」

因為退無可退，所以你也真的開始感到煩躁，惱羞成怒地回答：「我也是很忙的！根本沒時間陪你一直耗下去！」對方也拋出一句「有夠氣人！」隨即拂袖而去。

最後你會心想「啊～都是我害對方氣成這樣！」內心充滿愧疚，於是召開「自我反省會」，抱著滿腔不快，無法入眠。

當你遇到對方因為遲到而怒火中燒的狀況時，請試著在他面前默唸：「我是不是感受著孤獨？」並用心眼去看。

檢視自己的內心之後，你會知道眼前這個人的確正在生氣，而自己心中感到害怕。

一般人都會覺得「那是當然的吧！對方因為我遲到了所以正在生氣，不知道他會怎麼懲罰我，害怕是很正常的！」。

可是如果用「我是不是感受著孤獨？」的心眼去看，就能在那份恐懼之下看

到對方隱藏起來的「覺得自己被當成無用之人，被捨棄」的孤獨。

正在生氣的人竟然會感到如此害怕，如此孤獨。之所以看不出來，是因為對方正處於情緒發作的狀態。

所謂「反省」，包含了「意識到自己的舉止不妥，加以改進」的意圖，但是當中的本質，其實是「讓對方停止發怒，以避免眼前的危機」。

因為這個行為和你試著安撫對方的發作一樣，所以「越做越覺得自己跟著觸電，對方的發作也變得更嚴重」！

最後的結果，就是「那個生氣的對象變得越來越討人厭！」。

因為「遲到」而產生「自己沒有被尊重」的感覺，腦內「接納與同理心」的平衡瓦解，進而產生劇烈的電氣亂流引起發作，於是對方轉變成破壞性人格，陷入「怒火無法平復」的狀態。

這種情況下，由於我方的反省並不能抵銷對方的孤獨發作，所以會變成「自己越反省，對方就變得越討厭」。

如果用「我是不是正感受著孤獨？」的心眼去看，就能「看見對方的孤獨」，於是不會做出「讓對方的發作變得更嚴重」的反省。

若是看著對方的眼睛心想「啊！我也是孤獨的！」，就會忽然覺得「哎呀？怒火不像之前那樣旺盛了！」，所以其實真的不需要反省。

如果我們開始反省，就會永遠無法察覺對方心中的孤獨。

所以，總是忍不住反省的人，周遭會出現「對方變得越來越討厭！」的恐怖現象。

只有確實察覺對方心中的孤獨，心想「我也是孤獨的！」的時候，才能讓對

方的發作停止，同時感覺到自己和對方之間的「整體感」。

然而，忍不住反省的人則是搞錯追求整體感的方法，以為「只要反省並改變自己，就能感覺到自己和他人之間的整體感」。

因此，每次進行反省之後，都讓周遭的人轉變成破壞性人格，累積越來越多的孤獨。

反覆「反省」後，對方變得越來越討厭

出門倒垃圾的時候，一位住在附近的年長女性朝我狠狠瞪了一眼，讓我忍不住心想：「哎呀？我做了什麼壞事嗎？」

「難道是氣我前陣子音樂放得比較大聲？」我邊想邊反省：「下次要注意音量！」

可是後來某一天，我開口和那位女性打招呼，但她還是「哼！」了一聲，完全無視我的存在，我心裡立刻湧出一股「搞什麼鬼啊！」的怒氣。

難得我主動開口親切地打了招呼，為什麼要面對那種態度？內心相當氣憤。

因為那位女性的態度，我又開始想：「哎呀？說不定是我在家裡吵架的聲音被那個人聽見，所以才會這樣蔑視我！」於是決定「啊！我要小心最好別吵架！為了避免被別人當成怪人，態度要更好一點！」。

後來，對方過來找我講話，她說：「你丟的垃圾，真的有做好分類嗎？」讓我大受打擊。

我認為自己有按照當地規定做好分類才丟，而且你是有翻過我家的垃圾嗎？一想到這裡，我心中頓時燃起熊熊怒火，開口反駁：「我家都是確實做好分類才丟的！」

接著，這次連附近鄰居的態度都變得很奇怪。「啊！糟了！一定是那個人到處散布奇怪的謠言！」，於是開始反省自己對那位女性的說話口吻太過分，心情也變得很糟。

感覺自己被那位女性慢慢逼到絕境，最後產生「乾脆搬家算了！」的念頭。

當我把這件事情說給別人聽的時候，對方建議「你不要理會那種討厭的人就好」，但仍然忍不住覺得正因為對方是「討厭的人」，才更要好好反省自己的行動，以免激怒對方。

也許，那個讓自己出現「不快」感覺的「討厭的人」，其實只是因為「孤獨」發作——我們連想都沒想過這個事實。

因為那個討厭的人非常自私、狂妄，我可以從她那個令人不快的態度中，感覺到滿滿的自信，看起來實在跟「孤獨」二字無緣。

就算默唸「我是不是感受著孤獨？」並用心眼去看眼前這個女性，仍感覺到「被對方討厭的不快感」，也是很正常的。

畢竟那位年長女性的確明顯表現出讓人不快的態度。

可是如果用「我是不是感受著孤獨？」的心眼，仔細再看一次，就能看到「被大家敬而遠之的孤獨」，然後為了「咦？原來連這麼討厭的人也感到孤獨！」而感到震驚。

被他人警戒、畏懼，被人拒之門外，於是感到孤獨並引起發作，轉變成破壞性人格。隨後開始擺出自私狂妄的態度，或是無法停止令人討厭的言行，漸漸變成討人厭的人。

對我們來說，「反省」是一種謙虛的行為，是正確的事。可是對前面提到的這種人來說，他們的反應就像是和敵人正面對峙，以動物來比喻就是「戰或逃」，完全沒有辦法把他人視為「同伴」。

所以對方會被孤獨刺激，引起發作。

如果我們這時進行反省，對方會更堅定地「認定是敵人！」，於是孤獨導致的發作再也停不下來，讓討人厭的人變得越來越討厭。

在家庭中，也會發生同樣的狀況。

假設有個孩子一直打電動，完全不聽父母的話，也不乖乖念書，再這樣下去可能很難考到好學校。

於是母親開始反省「都是因為我的教養方法有問題，所以孩子才會變成這樣」，重新檢視自己的教養方法，結果孩子反而「越來越沒辦法放下電動」。

就算對孩子說：「都是媽媽不好，拜託你好好念書吧！」孩子也只會頂嘴「煩死了！」，變成討人厭的小孩。而這些都是因為孤獨引起了發作。

陷入這種狀況時，父親會覺得是母親寵溺小孩、教養方式不正確，才會變成這樣，因此在心中責備妻子「都是她的教養方式不好！」，而同時也暗自反省「都是自己沒有顧好家庭，才會變成這樣」。

可是如果連父親也在心中暗自反省的話，這些感受會完完整整地傳遞給孩子，小孩會在家中大哭大鬧，讓父母產生「咦！這孩子明明不是這樣的！原本是那麼坦率的小孩啊！」的感覺。

如果和變成這樣的孩子進行交談，他們會說：「感覺自己好像被父母當成毒瘤看待。」

至於父母則是抱著「我們已經有在反省，所以應該沒問題了！」的想法，看待自己過去對孩子的教養方式。

以動物的角度來看，「反省」就跟「戰或逃」反應一樣，內心其實會將之認定成「危險」。

所以孩子會覺得自己被彷彿正在反省的父母當成怪物看待，「和父母不一樣」的「孤獨」，使得孩子「發作變得越來越嚴重，變成討人厭的小孩」。

這時如果能下定決心「絕不反省！」，並用「我也是孤獨的！」的心眼去看待，就能透過鏡像神經元，把這個想法傳達給孩子。

當父親看著孩子的眼睛默唸「我也是孤獨的」的時候，孩子的發作就會緩和下來，隨後漸漸被一股神祕的整體感包圍起來。

凝視孩子的雙眼默唸「我也是孤獨的」……

就能透過鏡像神經元傳達給孩子，

孩子的「孤獨」發作逐漸平息，

被神祕的整體感包圍。

你的憤怒背後隱藏著「反省」

就算表面上一直是溫柔善良的好人，內心偶爾還是會忽然湧現出「為什麼我一定要被那種爛人批評成那個樣子！」的怒火。

然後開始盤算要怎麼報復對方，內心變得汙穢不堪。

等到發現這件事，自己馬上就會開始反省自己的氣量之小，「想成為更和善的人」，可是未來又會在某一天突然狂怒「為什麼那傢伙對我的態度這麼

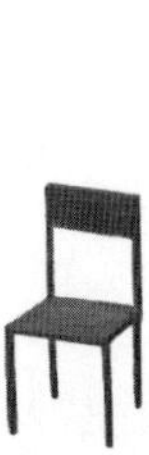

差！」，浪費大筆時間在這上面之後，開始反省「啊！我又來了！」，陷入同樣的循環。

為什麼怒火會一直糾纏不清呢？

原因在於「反省」這個動作。

所謂「反省」，是回頭審視自己做過的行為，做出「這樣不好」、「完全搞砸」等評價，並下定決心改進的行為。

可是就算反省並改進，還是會遇上「沒有人懂我」、「沒有人認同我！」等現實狀況。

因為那些狀況會刺激孤獨、引起發作，最後讓自己轉變成破壞性人格，無法停止生氣。

即使已經告訴對方「我有反省，以後一定會改！」，可是卻感受到「他並沒有真的相信我！他一點都不懂我！」的時候，人就會感受到孤獨而引起發作，爆發怒火。

「自己已經有努力反省了，可是都沒有人懂我！」有這種感覺，是非常理所當然的。

因為所有人類都是以自我為中心。

如果事情順利發展，就是「自己的功勞」。

而失敗時往往會推到別人身上，「都是別人的錯」。

事情順利發展時，口頭上雖然說「都是大家的功勞」，但心裡其實抱著「都是我的功勞」的想法。

也因為如此，就算反省糾正自己的行動，「沒人認同我！」也是理所當然。

不管多麼微不足道，只要自己努力反省，努力改變自己的行動，只要有人確實

承認這一點並開口讚美的話，就不會感受到孤獨，可是能做到這一點的人實在不多。

甚至連對宗教或信仰，都有可能因為「我明明都已經這麼努力反省，為什麼都沒有好報！」進而爆出熊熊怒火。

就算反省也得不到任何人的回饋，於是感受到「孤獨」。這就是人越反省越容易火冒三丈的原因。

「反省」變成憤怒的另一個原因，則是「越是反省越是累積壓力」。

如果眼前有個「討厭的人」，正常人應該會從先前提到的動物本能「戰或逃」當中選一個做出反應。

因為感受到「壓力」的那一瞬間，如果選擇「戰」就能排解壓力，或是選擇

「逃」來遠離那份壓力，改變為「腦中的壓力不會帶電！」的狀態。

然而如果選用人類特有的「反省」來面對「討厭的人」，就會變成「一直承受著來自討厭的人的壓力」。

如果我們不斷反省，討厭的人就會發作得更嚴重，討人厭的程度也會逐漸升高，腦中的壓力開始帶電，而這份帶電的壓力最後則是變成了「憤怒」。

因為腦中的壓力變成帶電狀態，所以任何一點小事都會讓人覺得「氣死了！」、「為什麼只有我會遇上這種事！」等，怒火越燒越旺，最後轟地一聲爆發。

如果壓力成為帶電狀態，就會讓內心陷入「為什麼只有我非得忍耐到這種程度不可」的狀態。

「只有自己這樣」的孤獨，會讓腦中電流激烈地亂竄，轉變成破壞性人格，發展成「無法控制怒火」的狀況。

人類這種生物，總是會覺得自己的反省行為「沒有人懂，也沒有人認同」，而且完全不知道其實別人也正在反省。

所以越是反省，就越容易陷入「只有自己在反省，非常痛苦」的孤獨當中，最後轉變成破壞性人格。

例如，有某位男性被公司上司指出錯誤，真心回答「好的，我知道了」也認真反省，同時也付出努力「要把工作做得更好」。

可是一回到家，心裡忽然出現「為什麼其他人做出同樣的事情都沒有被罵，就只有我被講成那個樣子！」的怒火，隨後陷入「懊惱到睡不著」的狀態。

這件事成了引爆點，他心裡不斷冒出「其他人的工作成果都獲得認同，只有我不被認同」等負面情緒。

心裡雖然想著「我再也不要待在這種爛公司！」，但又覺得「如果真的離職，經濟方面會有困難！」，於是真心覺得自己無比悲慘，越來越睡不著。

隔天他心不甘情不願地搶在遲到前一分鐘進入公司，結果被上司盯上，再次被唸了幾句，於是心裡對上司感到生氣：「為什麼每次都只有我被講成這樣！」

儘管事後又開始反省：「啊！剛剛上司唸我的時候，我可能表現出不服氣的態度了？」但上司已經漸漸成為那位男性的頭號大敵。

然而只要下定決心「我不要再反省了！」之後，就會莫名發現上司把矛頭指向其他人：「哎呀？上司好像不再盯我了！」

原本明明一直緊咬不放，但現在卻自由到讓人懷疑「怎麼會這樣？」的程度，也感受不到半點自己對公司的怒火。

就算出現了讓人覺得「慘了！」的狀況也「不再反省」之後，男性在工作上的錯誤便減少了。這是因為從怒火當中解放後，集中力得以提升的關係，而且晚上也不再出現胡思亂想到睡不著的狀況。

男性開始漸漸獲得公司同事的認同，得以懷抱「如果是現在，說不定就能成功轉職！」的希望。

根本沒有人理解我的孤獨……

【第三章】

讓孤獨在一瞬之間消失無蹤的暗示

消除「只有我」的想法，內心的平靜就會降臨

「辨識孤獨的顏色」讓心情益發平靜

有位女性面臨著「只要出門就覺得痛苦」的狀況。

因為外面都是貌似幸福的人，感覺「只有自己是孤獨的」十分悲慘，連呼吸都變得很困難，只能像棲息在石縫當中的蟲子面對太陽的時候一樣，偷偷摸摸地逃到沒人看見的地方。

在公車裡看到別人開心聊天的樣子就會心跳加速，整個人變得「很難受」。

曾有醫生診斷認為是「輕微的密室恐懼症」，但是不管那位女性如何辯稱「不是那樣，是看到其他幸福的人才覺得很難過」，醫生也完全不理解。

聽了她的故事，我深深覺得：「我可以理解！」

過去一直閉門不出的我，從鄉下地方前往大城市時，曾經覺得電車裡的人看起來太過耀眼：「大家都閃閃發光！」彷彿只有自己是「鄉下人」，差點因此陷入恐慌。

看著那些光彩耀眼的人們，感覺「只有自己是孤獨的」。這種狀況下，就算引起發作也不是什麼奇怪的事。

所以來到大城市之後，我想了一個辦法。每當自己被「只有自己是鄉下人」的念頭折磨的時候，我就會試著「辨識出身地的顏色」。

先觀察電車裡乘客的臉部特徵，然後是服裝，最後豎耳傾聽他們說話時的腔

調，發現「啊！這個人是某某地區出身！」之後，就會覺得「哎呀？不是只有自己是鄉下人！」開始莫名感到輕鬆起來。連坐車時間似乎都變快了，有種「哎呀？已經到了嗎！」的感覺。

雖然覺得「都市人好耀眼！」，然而只要掛上「出身地」這個濾鏡再觀察同一個人，就能察覺「啊！原來大家都是鄉下人」，原本「只有自己是鄉下人」那種彷彿走錯場合的感覺，隨即消失無蹤。

我回想起這個經驗，於是試著建議那位女性，如果覺得周遭的人看起來太過耀眼，就在心中默唸「辨識孤獨的顏色吧」。

那位女性反問「那是什麼咒文嗎？」，但我只回答那是「辨識孤獨的顏色」的咒文，請她嘗試看看。

據說後來她外出看到一對「正在走路的情侶」，感到對方「太耀眼」，於是

只有自己是鄉下人。

半信半疑地默唸著：「辨識孤獨的顏色吧。」

結果讓她吃了一驚：「哎呀？默唸之後，眼前的風景怎麼好像有點褪色了？」明明前一刻還閃亮到睜不開眼睛，感覺呼吸困難，但現在周遭的色彩似乎變得比較淺一點了。

「這是怎麼回事？」訝異的她為了確認效果，再次看向剛剛那對幸福的情侶，這次竟然發現「哎呀？那人的眼睛裡沒有笑意！」，心下暗想「怎麼回事？難道那對情侶發展不順利嗎？」，感覺自己彷彿正在看八點檔連續劇。

她繼續往前走，眼前出現一群ＯＬ開開心心地走在路上的光景。

換做是以前，她會覺得自己悲慘無比，心臟也難受到「沒辦法繼續走」。她心想「啊！可能會開始覺得難受？」，於是試著默唸「辨識孤獨的顏色吧」。

結果對方誇張的美甲和不合時宜的花俏鞋子，讓她發現「哎呀？那些人看起來很不穩重，感覺不是很能幹的樣子」，然後再次大吃一驚：「這到底是怎麼回事！」

以前只要一看到ＯＬ的制服，就會覺得「她們的公司需要她們，但完全沒有人需要我，好孤獨」，然後開始覺得難受，但現在看到眼前這群ＯＬ，反倒萌生出「啊！說不定那些人在公司裡都被當成累贅！」之類的失禮念頭。

儘管她並沒有想過藉由否定他人來讓自己變輕鬆，但她心想「啊！大家都跟我一樣」，腳步頓時變得輕快起來。

覺得電車裡的人通通都是「能幹的人」或「擁有美滿家庭的人」而開始難受起來的時候，也可以試著默唸「辨識孤獨的顏色吧」。

這麼一來，就能看清那個應該相當受公司重視、看起來精明幹練的領帶男，臉上帶著邪惡的笑容，滑手機滑個不停——知道對方「應該不是非常認真工作」之後，先前的感覺瞬間降到冰點以下。

又或者是「那個人看起來似乎擁有美滿家庭」的女性，只要一邊默唸「辨識孤獨的顏色吧」一邊觀察她，發現「哎呀？她沒有戴婚戒！」，之後又看出了戴戒指的痕跡，進而發現「啊——她是最近才把戒指拿下來的！」，心想「嗚哇～感覺她應該不太好過！」，隨後心情變得更平靜溫和。

後來，她開始喜歡搭乘電車或上街散步，觀察人群。

難以想像原本是多麼苦於「只有我是孤獨的」的感受啊。

透過「孤獨色彩的太陽眼鏡」看見完全不同的世界

我們在感受到孤獨的那個當下，就已經是「只有自己」的狀態了。越是和他人比較，覺得「為什麼只有我？」，孤獨就會越強烈，最後引起發作，搞砸所有事情。

某位男性在太太生下孩子之後，開始感到孤獨。雖然心裡明白太太「必須好好照顧剛出生的孩子」，但是下班剛到家就被冷漠地責備「為什麼都不幫忙帶孩子！」時，心裡頓時爆發出「為什麼你就是不懂我的心情！」這種對太太和孩子的滔天怒火。

光是聽見孩子哭泣的聲音就氣到難以忍受，最後甚至覺得：「再這樣下去，自己可能會對孩子做出無法想像的事！」

如果抱著這樣的孤獨前去上班，就會開始胡思亂想「只有自己做不好自己的工作」，內心感到不安。

在這種狀態下，繼續和無法理解自己的家人一起相處，心裡除了因為孤獨而憤怒之外，還會擔心自己的工作能力和別人差這麼多，未來真的有辦法養活一個家嗎？一想到這裡更是覺得坐立難安。

覺得自己工作做得比別人差，和其他人的溝通也做得不夠好，於是心情漸漸沉溺在孤獨當中。

然後越來越無法專心工作，進度停滯，最後不得不加班趕工，上司也對自己拋來白眼。

等到下班一回家，妻子就在響徹嬰兒哭聲的房間裡，冷冷地說：「你都有孩子了，早點回家不行嗎？」這位覺得「為什麼只有自己必須遇上這種狀況」和「孤獨」的男性愣在當場，再也無法動彈。

當他前來進行心理諮商時，我對他說了一個關於「孤獨色彩的太陽眼鏡」的方法。

只要透過那副太陽眼鏡去看，世界可能就會變得不一樣。當我這麼告訴他，他馬上表示：「啊！我也覺得平常很多東西看起來都太過耀眼了！」然後就回去了。

這位男性一回到讓自己感到痛苦的家，看到嚎啕大哭的孩子和煩躁不已的妻

子，馬上覺得：「為什麼只有自己非得遇上這麼討厭的狀況不可？」好不容易透過心理諮商改善的心情，頓時又跌入谷底。

這時，他想起了心理諮商師告訴他「孤獨色彩的太陽眼鏡」的方法。儘管覺得「就算要我早點回家，我也無能為力啊」，他仍然試著默唸了「辨識孤獨的顏色吧」。

結果他看見了妻子的「孤獨」，也接著發現「哎呀？原來妻子也不懂該怎麼帶小孩，覺得非常孤獨啊」。

甚至，還在哭泣的孩子身上清楚感受到「孤獨」，心想：「啊！那孩子也是孤獨的，原來不是只有自己如此！」隨後，開始莫名想要擁抱孤獨。

看著手裡抱著小孩、臉上寫滿不安的妻子，他第一次試著走過去，接過正在哭泣的孩子，一邊輕柔搖晃，一邊告訴他：「原來你也很孤獨啊。」結果，原本哭個不停的嬰兒竟然停止了哭泣，甚至試圖伸手碰觸男性的臉。

一想到「連這麼小的孩子都覺得孤獨」，男性心中便感受到憐愛之情，溫柔地抱緊孩子。

見到這一幕，妻子不知為何淚流滿面；一想到「其實妻子也很孤獨」，男性眼中也莫名地流下淚水。

男性非常喜歡心理諮商師教他的對應方法：孤獨色彩的太陽眼鏡。自此之後，每次覺得悶悶不樂的時候，他就開始默唸「辨識孤獨的顏色吧」，藉此戴上「孤獨色彩的太陽眼鏡」重新檢視世界，隨後發現「原來大家都是孤獨的！」，心中不愉快的感覺也神奇地消失無蹤。

把地點換成公司，每次覺得「只有自己做不好自己的工作」時，就戴上「孤獨色彩的太陽眼鏡」觀察職場；這時，才赫然發覺「原來大家也沒辦法把工作

做到十全十美！」這個衝擊性的事實。

因為所有人都是孤獨的，所以才會想要拚命抓住什麼，不希望被公司或同事捨棄。而這位男性只是誤會成「可以做好工作」，但現在已經知道「原來大家都跟自己一樣孤獨」！

利用「孤獨色彩的太陽眼鏡」，明白「所有人都是孤獨的」這件事之後，原本從來不曾有過的「對抗心」忽然猛烈燃燒起來，心想：「我絕對要把工作做得比那些人更好！」他開始以驚人的效率，迅速完成以前總是拖拖拉拉做不完的工作。

過去總是聽別人說「最好能有一個競爭對手」，但他從來不懂是什麼意思。如今，透過「孤獨色彩的太陽眼鏡」觀察同事，發現「大家都跟自己一樣」之後，便在不知不覺當中把其他人當成了對手，工作一件接著一件迅速完成。最

一旦覺得悶悶不樂
就在心中默唸：

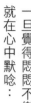

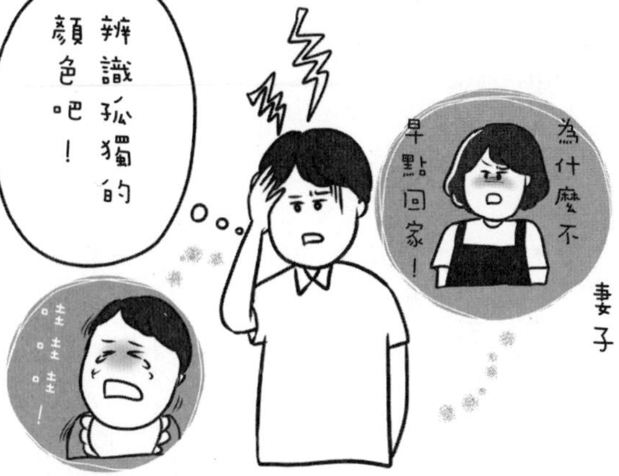

……這個咒語。

如此就能看清
對方的孤獨。

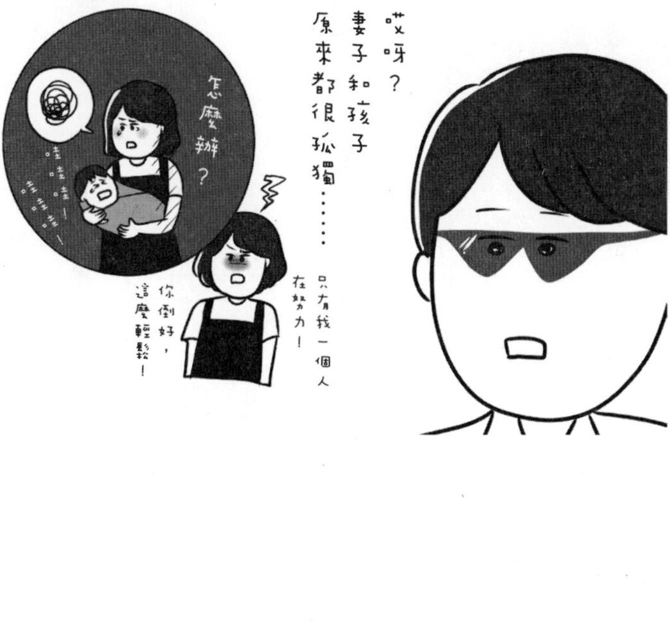

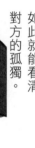

後，他心想：「喔！今天可以準時下班！」連自己都被嚇到。

之所以覺得自己缺乏集中力，也沒有迅速完成工作的能力，其實只是因為孤獨發作。一旦從中獲得解放，這位男性就能看見和過去完全不同的自己。「原來，這就是利用『孤獨色彩的太陽眼鏡』，看見全新世界的意思」，他漸漸變得開心起來。

回頭想想，他發現，過去確實覺得妻子和孩子看起來都太過耀眼，感覺自己不該走進他們的光芒之中。

同時他也發現，過去看到同事們散發著耀眼活力完成工作時，自己就是因為那份光芒而失去鬥志。

雖然那道光芒曾讓自己無法動彈，但是只要帶上「孤獨色彩的太陽眼鏡」，就能抵銷刺眼的亮度，面對任何事都能以冷靜的態度做出判斷，加以行動。

這時，他想起先前和心理諮商師說過「覺得平常很多東西看起來都太耀眼」，如今看來確實沒說錯！

讓你煩惱不已的那個人
也包含在「孤獨色彩」之中

某位女性的身邊有很多同樣當媽媽的朋友。其中一位總是喜歡追根究底地追問：「你老公的工作是什麼？」、「年收大概多少？」等等「正常人應該不會問」的問題。

當那位女性隨口回答之後，其他媽媽友告訴她：「那人說你是個悠閒自在的有錢人，所以都不用工作。」讓那位女性氣得半死。

雖然不想再和對方扯上關係，但自己的孩子跟那個媽媽的小孩感情很好，感覺像是「有人質握在對方手上，沒辦法斬斷關係」。

後來對方依然會追問討厭的事情，也依然會跑去找別人亂嚼舌根，讓人火大的事情一而再、再而三地重演，那位女性開始心想：「我到底該如何處理和那個人之間的關係？」

這時，她聽說了「孤獨色彩的太陽眼鏡」的方法。「咦？世界看起來真的會變得不一樣嗎？」她對此產生了興趣。於是，在感覺到「那個媽媽超級惹人厭！」的時候，她默默唸出了：「辨識孤獨的顏色吧。」

原本穿著精緻華服、臉上畫了大濃妝的那個人，看起來竟然莫名地落寞，讓這位女性大吃一驚：「啊！原來她也很孤獨！」

丈夫有一定的身分地位、孩子優秀、身邊也有可以說閒話的朋友……原本一直以為「這人大概不會感到孤獨吧」。然而，戴上「孤獨色彩的太陽眼鏡」重

新檢視對方之後，卻發現「她其實非常地孤獨」。

原本厭惡到極點的那個人，其實是因為「孤獨」才故意找人麻煩，希望能獲得注意——知道這件事之後，那位女性感到相當驚訝。

照理說，應該有很多其他做法可以和他人打好關係，例如讚美或善待對方，但她為什麼要這麼做呢？當自己默唸著「孤獨色彩的太陽眼鏡」並觀察對方後，很快就察覺到「啊！因為她真的太孤獨了，所以只能用這種方式獲取注意」。

接著，繼續用「孤獨色彩的太陽眼鏡」觀察下去，女性如同探囊取物般迅速發現：「原來如此，她希望我了解她的事！」

因為自己很不喜歡被人追問私事，所以覺得對方應該也是如此。但這次並不一樣，那個比自己更孤獨的人，其實希望「能讓別人更了解我的事」。當自己開始產生興趣、問她問題時，她露出了相當高興的表情。

到目前為止，那位女性一直把對方視為一個「愛散布流言陷害別人的爛人」。所以，無論是見面看到她的臉或是想到她的事，都會覺得非常不愉快。可是當自己從她心中看見「孤獨色彩」的那一刻起，就沒有必要繼續過度思考這件事，見面時的厭惡感也隨之消失。

不是因為對方很孤獨就試著親近她，而是因為那個媽媽其實就跟自己一樣，所以可以保持一定的距離，輕鬆地來往。

採取這個做法之後，自己彷彿從某件事物當中重獲自由——以上就是那位女性告訴我的事情全貌。

一旦覺得「只有自己承受」不愉快的事，這份「別人都沒事，就只有我」的錯誤堅持，會讓人感受到孤獨，進而引起發作。

於是因為「那個人是打算陷害我的超級大爛人」而形成的黑暗世界，就會在自己的眼前蔓延開來。

想到自己與那種和怪獸沒兩樣的人身處同一個世界，感覺變得更孤獨……就這樣，陷入了惡性循環。

可是，在看到對方心中的「孤獨色彩」之後，便了解到「孤獨的人不是只有我」而停止發作。現實世界變得更加清晰，再也沒有必要害怕、逃離對方，也因此得以和同樣感受到「孤獨」的人保持適當的距離。

有個人被職場上司搞得很頭大。他覺得自己已經將上司交代的事情做好，可是對方總是在大家面前罵他「文件的寫法搞錯了！」，或是「報告內容太單薄，這樣根本不能算是報告！」。

換成其他人做同樣的事情就完全不會被罵，感覺只有自己是上司的眼中釘，上班變成一件苦不堪言的事。

早上一起床，眼前就浮現出上司的臉，心情馬上盪到谷底。去到公司，才剛見到面就被對方擺臉色責罵：「為什麼服裝這麼不整！」

自己的工作效率明明應該比其他人更好，但上司會為了任何一點雞毛蒜皮的小事不斷對他挖苦、諷刺，讓他沒辦法快速做好工作，被壓力搞得煩躁不堪。

這時，他知道了關於「孤獨色彩」的方法。他懷疑地表示：「那個上司才不可能感到孤獨呢！」

可是再這樣下去，自己真的沒辦法繼續在那位上司的手下做事，於是他試著默唸「辨識孤獨的顏色吧」。

結果這個總是快速完成多樣工作、廣受其他屬下尊敬的上司身上，竟然出現了「孤獨色彩」。

同時也看出因為孤獨，所以上司隨時都需要別人讚美他、認同他。

原本以為「就算我這種人開口讚美，上司也不會高興」，所以自己一直都「只做他有交代的工作」。

因為覺得自己的認同對上司來說根本微不足道，所以就算獲得上司親自指導，也只表現出「理所當然」的態度。這讓上司的「孤獨色彩」變得越來越濃，結果就變成了先前提到的狀況。

現在，既然知道了這一點，和上司來往也變得輕鬆許多。

既然知道「上司和自己都是孤獨的人」，就變得比較敢找他說話了。工作方面會和上司仔細詳談，結果也會向上司報告，讓他感到開心。不僅關係變得越來越好，連工作效率也跟著提升。

轉眼之間，自己就站上了職場中的頂尖位置，成為同事們眼中羨慕的對象。

這一切，都是因為知道了問題不在於上司討厭自己或是試圖陷害自己，而是因為孤獨才造成的。

其實大家都一樣

感受「只有自己如此」的孤獨，就彷彿是一直走在不見天日的陰影當中。如果心裡有這種感受，那麼走在陽光之下的那些人，看起來就會是「跟自己完全不同類型的人種」。

有些可能是熱愛散布謠言、陷人於不義的怪獸；有些可能毫無常識可言，總是登門踏戶進入他人內心亂踩的低級人士；甚至，還有些是絕對不允許別人比他更優秀、處處表現出嫉妒的人。

可是，如果透過「孤獨色彩的太陽眼鏡」觀察對方，就能看出「其實大家都一樣」這件事。

如果對方不能了解自己的孤獨，持續遞增的孤獨感就會引起發作，讓人做出破壞性的言行——像我自己就是如此。

當人覺得「只有自己孤獨」的時候，就會無法察覺「對方的孤獨」。這樣會刺激到對方的孤獨，最後造成「對方的發作越來越嚴重，開始做一些很過分的事情反擊」。

因為深信「只有自己是孤獨的」，所以覺得「那個人才不可能感到孤獨！」也是理所當然。可是這麼一來，對方會變得越來越像怪獸，讓對方累積更多「孤獨」的人也會因此受到怪獸迫害。

如果能透過「孤獨色彩的太陽眼鏡」觀察對方，發現「啊！他其實不是怪獸，

只是很孤獨！」的話，就能衷心認為大家都是一樣的。

這時自己和對方的發作都會停止，不再互相傷害。

意即，怪獸從眼前消失，變成和自己一樣的孤獨的人。

能用上這個辦法的地方，其實意外地多。

例如我以前一直「很不會跟有頭銜的人相處」，像醫生、厲害的老師或老闆，或是知名藝人等等。

只要接近這一類的人，我就會感到緊張。因為被對方的頭銜刺激到「自己什麼也不是」的孤獨，於是讓我腋下冒汗，緊張到無法正常說話。

不只如此，要是對方的態度轉變得目中無人，我事後就會感到非常煩惱：「是不是我做了什麼不好的事情？」

我開始不斷思考對方態度變差的原因：「是不是不該提起那件事？」或「為什麼總是戰戰兢兢，沒辦法好好說話呢？」心情變得越來越差，「孤獨感」更是直線上升。

可是，如果戴上「孤獨色彩的太陽眼鏡」、觀察那些擁有頭銜的人，知道他們跟自己一樣都是孤獨的人之後，感覺就不需要那些不必要的恭敬，也不會覺得戰戰兢兢或是說出多餘的話，可以保持平常心。

而對方也跟著像對待普通人一樣對待我。我之所以不再緊張冒汗，正是因為明白對方也很孤獨，不會再因為他引起發作。

我把這件事情說給某位女性聽，她告訴我：「我在帥氣的人面前，也一樣會緊張到說不出話。」所以就算去了相親派對，也會陷入「只要對方長得帥，自己就會緊張到說不出話，始終無法找到好對象」的狀況。

知道這個方法以後，那位女性馬上採取行動，在相親派對上看到帥氣的人之後，立刻默唸：「辨識孤獨的顏色吧」。說也奇怪，她一看到男方的眼神就知道「啊！這個人也很孤獨！」，隨後「變得可以正常說話，一點都不緊張了」！而且那個原本看起來裝模作樣的男性，也開始對她坦白說出真心話，讓她感受到前所未有的親密感。「我跟他建立起良好關係了！」女性十分開心。

可是這位聰明的女性想到另一個問題。當她面對另一個不是自己喜歡類型的男性時，也同樣試著默唸「辨識孤獨的顏色吧」。

結果她感覺到「這個人也跟我一樣懷抱著孤獨」，兩人一樣聊得很開心，相處起來的感覺跟剛才那位帥氣男性差不多。

因為「自己跟這個人也成功建立了親密感」，讓她不由得疑惑起來。

她用「孤獨色彩的太陽眼鏡」觀察之後發現：「所有人都一樣嘛！」

然後心情變得異常複雜：「我至今的相親活動到底是在搞什麼呀！」

沒錯，這跟外表、頭銜沒有任何關係，其實每個人都一樣，都是孤獨的。

人總是會根據外表或頭銜來跟自己做比較，認為「對方和自己不一樣」，並擅自感到孤獨、造成發作，最後轉變成破壞性人格搞砸人際關係，變得更加孤獨。這個過程會一直不斷地重複。

若是透過「孤獨色彩的太陽眼鏡」去看，就會因為「大家都一樣」，而不再需要進行任何比較，孤獨的感覺也煙消霧散，最後促使雙方的關係變得難以想像地親密。

可能有人會覺得這樣就不有趣了。但是，對於那些因為「孤獨」而發作，破壞掉所有人際關係的人來說，「無趣」絕對是更好的狀況。

你可以不必再因為每天害怕被對方討厭，又期待被對方認同的狀況感到痛苦了。大家都一樣，根本不必感到緊張，能和任何人隨意交談——這樣真的讓人感到非常輕鬆！

在帥氣男性面前就會
覺得緊張的女性，

只要在心中默唸
「辨識孤獨的顏色吧」……

看到對方的眼睛
就能發現對方的「孤獨」，

從此一點都不緊張，
能夠正常開口說話。

用孤獨的光波抵銷孤獨的光芒，內心就能獲得平靜

因為戴上「孤獨色彩的太陽眼鏡」、了解「對方也是孤獨的」之後，原本「只有自己是孤獨的」的想法就會因此抵銷，讓自己可以從緊張之類的不快感覺當中，解放出來。

抵銷這份孤獨的機制其實很簡單，就是「因為那個人也是孤獨的，所以不是只有我會如此」。

可是，當自己看見對方的「孤獨色彩」的時候，對方的態度也跟著轉變，就

是一件很神奇的事了。

自己並沒有告訴對方「你其實跟我一樣都感到孤獨」，就只是一邊看著對方，一邊在心裡默唸「辨識孤獨的顏色吧」。

在默唸過程中，發現「這人和我一樣都很孤獨」之後，就會覺得對方的態度似乎軟化下來，內心也變得更平靜。

一旦進入這個狀況，就不再只是因為發現「孤獨的人並不是只有自己」讓內心變得更平靜，而是「孤獨本身就擁有讓人心情平靜的效果」。

本章內容主要是在介紹「孤獨色彩的太陽眼鏡」，然而如果是用裸眼所見的顏色來做比喻，我眼中的幸福的人看起來是閃閃發光的「黃色」；生氣的人是偏黑的「紅色」；至於因為自卑而感覺自己十分悲慘的我，則是「藍色」。

就我所知，每個人的顏色都擁有不同的特徵，但這些特徵當中一定包含了代表「孤獨」的顏色——白色。人與人的光芒重疊之時，「孤獨色彩」的白色就會整個突顯出來。

當我把自己的顏色拿去和他人比較，為自己的藍色悲嘆不已，此時的我無法對對方的光芒造成任何影響。可是當我用自己的「孤獨之光」照耀對方的時候，對方的「孤獨色彩」也會跟著發亮。

我用自己的「孤獨色彩」照耀對方時，對方就會發出和先前不同顏色的光芒。當自己的光芒進入別人的「孤獨色彩」當中時，顏色與顏色相互重疊，互相抵銷，以白色為代表的「孤獨色彩」便開始閃閃發亮。

感覺說得太複雜了。簡單來說就是默唸「孤獨色彩的太陽眼鏡」，用「孤獨之光」照耀對方的時候，「孤獨」就會發出白色的光輝，而自己被那道光芒照耀之後，也變得更亮，抵銷掉自己心中不愉快的色彩，使內心變得更平靜。

默唸「辨識孤獨的顏色吧」。

對方也因為「孤獨色彩」而發亮。

色彩和色彩互疊，綻放出白光。

自己心中不愉快的色彩就此抵銷，內心變得更平靜。

有位女性不管去到哪裡，都覺得「只有不愉快的回憶！」。例如去百貨公司訂購食品，當她指出店員拿錯東西的時候，對方表現出來不服氣的態度，讓原本就不高興的她更加煩躁。走在路上，別人總是過來撞她。每次拒絕那些沿街推銷的人，對方都會惡狠狠地噓她，讓她覺得：「真是氣死我了！」

有時，附近鄰居就像是刻意找麻煩一樣半夜使用吸塵器，害她被噪音吵到睡不著。

還有，固定丟垃圾的日子總是會遇上管理員在場埋伏，要她「做好分類再丟」——但自己明明都有仔細做好垃圾分類！因此，被對方搞到心情奇差無比。

那位女性的口頭禪就是「為什麼每次都只有我這樣！」，而且討厭的事情真的會接二連三地落在她身上，讓人覺得「有沒有搞錯」！

後來，這位女性開始頻繁地默唸「辨識孤獨的顏色吧」。因為有人告訴她，只要這麼做，世界就會改變。

去到那間每次都會搞錯訂單的百貨公司時，她也試著一邊凝視店員，一邊默唸「辨識孤獨的顏色吧」。

結果她發現「啊，店員也是孤獨的！」，而且那位小姐還對她說：「上次真的很抱歉！今天多送你一點東西哦！」然後多放了一些肉進去，讓她覺得非常吃驚。

因為「每次都只有我」的念頭作祟，平常在秤重時總是會狐疑地再三檢查，也從來沒有拿過贈品——這是生平第一次。

走在路上看到那些看似幸福的美人時，她也開始默唸「辨識孤獨的顏色吧」，結果竟然看出「那個人也是孤獨的！」，讓她嚇了一大跳。

換成以前，一定會覺得「真好，這麼漂亮，哪像我這樣啊」；但現在，她有辦法用柔和的態度來觀察對方，上街散步這件事也因此變得愉快起來。

看到母親帶著孩子的時候，她也默唸著「辨識孤獨的顏色吧」。這時，那孩子開始盯著她看，當她聽到母親對孩子說「你很想看漂亮的大姊姊對吧？」的時候，真的驚訝到不行——因為「從來就沒有人說我漂亮」！

這麼說來，最近的確有越來越多的男性會回頭看自己，讓她開始懷疑自己：「哎呀？難道我其實長得還不錯？」

以前對自己的容貌毫無自信，深信任何人都不會把自己放在心上的她，漸漸看到了一個完全不一樣的世界。

受到路人的「孤獨」照耀時，自己的身形也會變得不一樣。以前她從來不曾在意服裝或化妝，但現在終於能夠察覺鏡中人的美貌，內心變得越來越平靜。

用「孤獨」照亮對方，能讓對方的「孤獨」浮現出來，同時也讓對方的「孤獨色彩」閃閃發亮。被他人的「孤獨色彩」之光照亮後，她的內心變得一片平靜，綻放出美麗的光輝。

只要發現年幼時期的「孤獨」，過去也會因此改變

獨自一人懷抱著孤獨的時候，內心會逐漸變得荒蕪，把自己和周遭親友的關係破壞殆盡。

可是，如果能在看見對方時發現「啊！這個人也是孤獨的！」，並用自己的「孤獨」照亮對方的「孤獨」，對方的內心就會平靜下來，並用美麗的「孤獨色彩」反照回來。

被這份孤獨之光照耀時，自己的內心也會自然而然地平靜下來，原本荒蕪的

感受消失無蹤。一個人懷抱著孤獨的時候，會因為不喜歡自己的樣子所以不喜歡照鏡子，但是被對方的孤獨之光照耀後，自己的身影看起來似乎變得不一樣，感覺「哎呀？好像有點自信了」。

如果我能在以前缺乏自信、完全交不到朋友的孩提時代就知道這件事，不知道會讓現在的自己改變多少呢？我忍不住這麼想。

就在此時，我忽然想到一件有趣的事：「哎呀？我說不定可以對過去的自己實踐這件事？」

我認為，人類的大腦就像無線網路一樣，由複雜的網狀結構互相連結。所謂「第六感」或「啊！我和這個人正在想同樣的事！」之類的狀況，其實並不是偶然，而是因為大腦與大腦正透過無線網路進行情報交換的關係。

可能有人會認為「這種事情怎麼可能！」，因為現今科學「沒有可以測量大

腦網路頻率的機器」。

然而如果大腦頻率是現今科技無法企及的頻率，那麼它就可能擁有「比光速還快！」的可能性，說不定可以「超越時空」。

如果，大腦網路可以超越時空，那麼連結上自己過去的大腦，「用孤獨色彩照耀過去的自己」這件事，也是有可能的。

若能超越時間軸、回溯過去，年幼的我就能被「孤獨色彩」照亮，發出光輝。

如此一來，過去那個悲慘的兒童時期就會有所改變。越是改變了以前那個悲慘的自己，「過去」就會跟著改變，最後發展成「連現在的自己也跟著脫胎換骨！」。

我時常想起大約兩歲時孤獨的自己。

那時我在廚房被母親責打，正哭個不停。心裡感覺「我不在這裡更好」、「根本沒有人需要我」，非常悲慘。

這個感覺至今偶爾會忽然出現，讓我深深覺得「根本沒有人需要我」而痛苦不已，最後親手毀掉無數種可能性。

我試著想像兩歲時的自己，隨後立刻想起了當時躲在廚房角落哭泣的感覺，覺得無比孤獨，希望有人可以理解自己，但母親卻一點都不懂。

這時，我一邊感受著自己的感覺，一邊把注意力放在兩歲的自己身上，開始默唸「辨識孤獨的顏色吧」。

雖然明知道當時的自己確實是孤獨的，但還是試著「辨識孤獨色彩」。結果不久前還在哭鬧的自己，竟然對我比出了V字手勢，露出笑容。

那一瞬間，我體內的某個東西忽然變得輕鬆起來，心裡響起了幼時自己的聲音，溫和地說：「謝謝你懂我。」我的眼眶頓時濕了。

從此之後，我再也不曾覺得「反正我這種人就是糟糕」。

因為無人能懂的孤獨引起發作，變得想要把所有東西破壞殆盡，所以才會覺得「反正我這種人就是糟糕」。

只要把注意力放在過去的自己身上，默唸「辨識孤獨的顏色吧」就能徹底消除這種不舒服的感覺。

有位女性總是感覺到「在人群中就會緊張到無法正常講話」的孤獨。

別人都在開心聊天，但她卻「完全沒辦法開心聊！」，每次都覺得「像我這種人，跟大家在一起真的感覺很抱歉」。時時刻刻都在顧慮別人，被人際關係搞得疲憊不堪，她感覺十分難受。

我問她是否記得「第一次感受到在人群當中的緊張」是幾歲時的自己，她想了想之後回答我：「是五歲上幼兒園的時候。」

當時剛好弟弟出生，她被送到幼兒園，「孤獨感」因此大舉來襲：「所有人都在關注弟弟，根本沒有人理我！」

她告訴我，每當幼兒園的老師和同學對她說：「你有弟弟了對吧？真是太好了！」的時候，心裡就會浮現出「根本沒有人理解我的孤獨」的念頭。

於是，我請她把注意力放在五歲還在上幼兒園的自己身上，默唸「辨識孤獨的顏色吧」，用「孤獨色彩」照耀過去。結果那個五歲的孩子，竟然對她綻放出宛如發光般的微笑，讓女性大吃一驚。

「做這種事情有什麼意義嗎？」她似乎對此感到疑惑，然而回到家之後，又

發生了更讓她奇怪的事。

她開始對孩子說出自己的體驗。

如果是以前，這位女性認為一定要傾聽孩子說話，於是拚命地詢問孩子學校的事、朋友的事，可是今天她卻很開心地說著「自己的事」。這是生平頭一遭。

後來丈夫回來了。平常總是「光看電視完全不聽人說話的丈夫」，今天竟然興味盎然地聽她說話。這讓她感到非常訝異：「咦？到底發生了什麼事？」

那個五歲孩子的笑容改變了過去，也改變了這位女性現在的環境。

如果心中浮現過去不好的回憶，請把注意力放在過去的自己身上，腦中默唸「辨識孤獨的顏色吧」，試著用孤獨之光照亮過去的自己。

如此一來，大腦網路就會穿越時空，改變過去，然後自己就會在不知不覺當中受到影響，周遭環境也會隨之改變。

「只有我」的那種孤獨是可以抵銷的

「只有我」的那種孤獨，可以透過「辨識周圍的孤獨顏色」，用對方的孤獨之光照射、抵銷。

此外，辨識自己過去的「孤獨色彩」，利用自己過去的「孤獨之光」照耀自己，也能抵銷「只有我」的那種孤獨。

一旦感覺到「只有我」的那種孤獨，人往往會不由自主地付出努力，試圖改變什麼。但是這樣其實只會讓「只有我」的孤獨變得越來越嚴重。

接下來，就會覺得「只有我」變得越來越卑微，越來越孤獨，更想「積極和大家接觸，展現親切態度」並付諸實行。

可是不管自己多麼積極接觸，展現多麼親切的態度，仍然沒有半個人發現自己心中的孤獨。

所以這些事情做得越多，「只有我」的情況就變得越嚴重，讓悲慘的孤獨變得更為壯大。

這時，要是覺得「只有我這樣」就會變得更孤獨，所以最應該努力的地方是讓自己產生「大家都過得很辛苦」的想法。

但是，越是想著「大家都過得很辛苦」、越是理解其他人的辛苦，就會越覺得「根本沒人知道我有多辛苦」。

不管周遭的人再怎麼誇獎自己「你真的很努力了」，卻還是覺得「他們並不是在實質意義上了解自己的辛苦」，「只有自己」的孤獨依然持續增加。

只要和某人建立親密關係，說不定就能抵銷「只有我」的這種孤獨。儘管抱著這個想法、試著和別人變親密，但越嘗試就會越覺得對方並不像自己一樣努力，而且也感受不到親密感，所以「只有我」的這種孤獨，會在事後如同狂風暴雨般襲來。

想要抵銷「只有我」的這種孤獨，並不是靠自己一個人獨自努力，必須利用周遭其他人的孤獨。

用自己的孤獨之光照耀其他人時，他們的孤獨之光便會增強，而自己的「孤獨」就會在他們的照耀之下抵銷，內心變得平靜如鏡。

「抵銷」這件事並非單人作業，需要很多人的「孤獨」才能成功。接受許多

用自己的孤獨之光
照亮其他人，

其他人的孤獨
之光增強，

被那道光芒照耀時，
自己的「孤獨」便
獲得抵銷，

內心變得
平靜如鏡。

人的「孤獨之光」，那道孤獨的光芒就會在自己心中持續增長。

獨自懷抱著孤獨的時候，會有種「只有我這樣」的感覺，彷彿抱著某種難以忍受的事物。可是，當別人的「孤獨之光」照在自己身上，讓自己心中的「孤獨之光」變強時，就能感受到不同於過去的孤獨，覺得「原來，孤獨是這麼地平靜」。

當「孤獨之光」增強時，令人不快的波瀾會被抵銷，開始可以感受到「孤獨當中的平靜」，孤獨從此不再是讓人感到不舒服的狀態。

更正確來說，被抵銷掉不快波瀾的孤獨，會變成一道溫柔的光芒，讓自己知道，自己可以用最原本的模樣活下去。

當自己在職場上因為「完全沒人理解我」的狀況而感到孤獨時，請把目光放在那個討厭的人身上，默唸「辨識孤獨的顏色吧」。

然後你就會發現自己看見了那個人的孤獨，被對方的「孤獨之光」照亮，抵銷掉自己心中的不快感。

因為「只有我不被認同」、「只有我的心情沒人懂」這些想法而變得荒蕪的內心，之所以能從「孤獨」轉變成「安心」，都是因為被對方的孤獨之光照亮，抵銷了令人不快的波瀾，內心變得一片平靜的關係。

此外，如果不想用他人的「孤獨之光」來抵銷「只有我」的這種孤獨，其實也可以用過去自己的「孤獨之光」來進行抵銷。

試著回想過去孤獨的自己，默唸「辨識孤獨的顏色吧」並照亮過去自己的孤獨，這時自己過去的「孤獨之光」便會增強，照亮自己現在的孤獨。如此，就能去除「只有我」的不快感，前往寧靜的世界。

覺得「只有自己沒人愛」、心情變得悽慘無比的時候，請回想起過去的自己，並默唸「辨識孤獨的顏色吧」，這樣就能利用自己過去的孤獨之光照亮現在的「孤獨」，抵銷不舒服的感覺，讓內心變平靜。

這個時候，你會同時和過去的自己還有周遭的人們互相連結，卻又能感受到自己一個人的「平靜」。

沒錯，「只有我」的這種孤獨無法自己一個人抵銷，必須利用其他人或過去的自己才能真正消除。

也許，我們都感受著同一份孤獨。

〔第四章〕

和那個人的孤獨和平應對的方法

反省，讓雙方的孤獨日漸增加

和我說話總是說得很難聽的母親的孤獨

這是某位女性的故事。

她為了讓母親認同她，於是告訴母親：「公司十分認同我的工作成果，還有客人寄感謝信給我呢！」

然而母親卻回答：「附近某某人家的女兒，好像三不五時就會到國外出差呢！」一句話，就把她的努力與成果通通抹滅。

甚至還說「畢竟那家的女兒從小就很優秀」，彷彿自己從來不曾認同女兒。

所有她覺得「母親聽到這件事應該會很開心」而說出口的話題，永遠都換來母親的輕視，把她「希望母親能為她高興」的心情踩在腳底下，讓她感到非常難過，感覺十分孤獨。明明「身為母親應該要了解女兒的心情」才對，可是母親「一點也不了解自己」，所以她時常覺得苦不堪言。

有位親戚每年都會送蘋果來。有一次，母親忽然向她確認：「你有好好寫謝卡給那個人嗎？」

當她回答「咦？一定要寫嗎？」的時候，母親馬上變得面目猙獰，大聲怒罵：「你真是一點禮貌都沒有！」

她自認工作做得相當不錯，應該是足以讓母親自豪的女兒，可是卻被說得很難聽，自我肯定感逐漸下降。

而且母親之後還繼續落井下石：「算了，反正你的字那麼醜，寫謝卡給人家，只會害人家覺得困擾！」

「沒必要講成這樣吧！」她深深受到傷害。

就這樣，這位女性覺得「自己是任何人都不會接受的無用之人」，孤獨日漸增加，陷入再也無法振作的精神狀態當中。

這位女性只要跟母親說話，就會變得無比孤獨。這種狀況一再反覆，心情已經差到極點，卻始終沒有辦法脫離這個狀況。

感覺這位女性未來也不可能從孤獨當中脫身。

和我商談過後，她發現「這一切說不定都是母親的孤獨所引起的？」。

這時，腦中又浮現出一個想法：母親之所以會爆發「孤獨」的發作、老是說出一些過分的話，會不會都是因為自己的「反省」所造成的呢？

雖然母親一直告訴她「如果不好好反省，大家就會遠離你，最後孤獨一生」，但她越是努力反省，母親的言行就越是古怪。

她開始思考，也許一切都是自己的反省動作刺激母親的「孤獨」發作、引爆，所以母親才會輕視她，對她說出一些很難聽的話也說不定？

於是她開始嘗試「不再反省！」。

其實，她心中也沒有覺得自己特別反省什麼東西。

隨後，她想起了「啊！前陣子因為工作，取消了和母親的約定，這樣很不好！」，決定打電話找母親吃飯。

就在電話撥通的前一刻，她發現「啊！自己正在反省！」連忙把電話放下。

她就這樣放著母親不管。過了一陣子，母親主動打電話過來，開始說著毫無意義的親戚話題。

聽著聽著，她突然發現「啊！自己正在反省沒有仔細聽母親說話！」這件事。

她想到過去掛斷電話之後，自己確實都會反省「為什麼不表現出更溫和的態度聽她說話呢？」，於是她試著在心中默唸「不再反省！」。

結果她成功說出：「媽，我還有事要做，先不聊了！」並掛斷電話，甚至發現自己就算這樣做也「一點都不會覺得不舒服！」。

因為想要盡全力消除自己心中的孤獨，於是努力反省並嘗試接近母親，最後害自己受傷，更添孤獨。可是在放棄反省之後，自己就算獨自一人也不再感覺孤獨了。

和母親往來的時候也是，即使「希望母親能認同自己」，她也不會再多說其他沒必要說的事情。

例如當母親問她「最近工作怎麼樣？」，她總算能做出適當的回應。

就算母親說：「你這人總是喜歡看不起別人！」她也試著在心裡默唸「不再反省」，覺得「啊！這說不定跟我一點關係也沒有！」，不再像以前那樣覺得受傷。

如果是以前，當自己因為反省而受傷的時候，母親就會接連說出更惡毒的話。但現在她除了覺得「哎呀？她不再說那些多餘的話了」，甚至還有辦法跟母親聊一些不痛不癢的話題。

因為母親總是多說一些無意義的話害她受傷，所以自己不可能像其他母女一樣開心閒聊——這位女性過去一直都如此認為。現在，看到自己就像其他母女一樣和母親聊天，讓她感到相當吃驚。

即使母親並沒有對自己的工作表示認同，但是就算跟她在一起，自己也開始有種可以放心的感覺。

原來在不知不覺當中，自己和母親都從「孤獨」當中獲得解放了。

就這樣，這位女性發現「是反省讓我和母親的孤獨日漸增加」。

如果沒有刻意去思考，其實很難注意到自己正在「反省」。可是如果發生像這位女性一樣「再三反覆受到傷害」的狀況，那麼「反省」就可能是主要原因。

一旦出現「全部都是母親不認同我才變成這樣！」這種責備對方的想法，人類心中的恆定機能，一定會讓自己湧現出「必須讓自己成為值得認同的人才行」這種完全相反的反省。

正因為這一點，當你被對方傷得越重，甚至是受到越來越嚴苛的對待時，自己在檯面下的反省也會跟著越變越深。諷刺的是，這樣會刺激到對方的孤獨，導致發作，並讓他說出更加惡毒的話。

「不再反省」這個做法，很容易讓人產生「這樣難道不會刺激到對方的孤獨嗎？」的感覺。但實際上並非如此，這是為了和對方建立起「對等關係」。因為這份對等關係中隱藏著「整體感」，所以才能在不知不覺中消弭了孤獨的感受。

一旦出現責備對方的想法……

責備
都是母親不認同我才變這樣！
反省
我必須努力獲得她的認同。

心裡一定會出現完全相反的「反省」情緒。

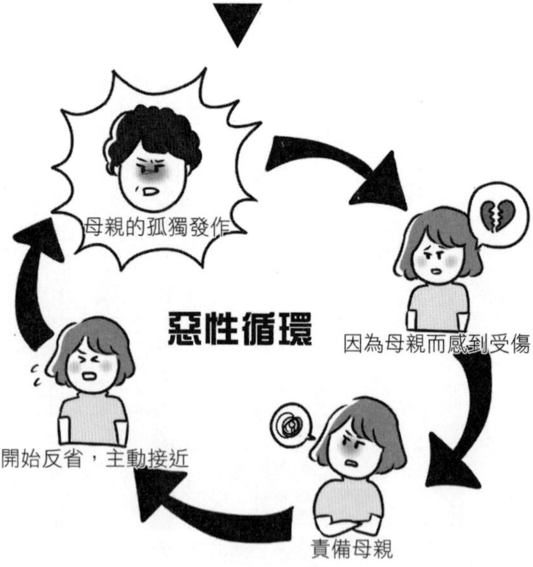
惡性循環
母親的孤獨發作
因為母親而感到受傷
責備母親
開始反省，主動接近

越是反省越會刺激到對方的孤獨，進而造成惡性循環。

老是跟我唱反調的同事

有位女性的煩惱是「被職場上的同事當成眼中釘」。

在新產品研發會議上，同事A對其他人的企劃案一直都點頭稱是，什麼也沒說。然而一輪到她的案子，同事A馬上舉手：「我覺得這個企劃對我們公司有負面影響！」表達強烈反對。

雖然女性心想「如果有心去找，每個案子一樣可以找出一堆負面影響吧？」

但同事A只針對她的企劃做出嚴格且徹底的批評，試圖排擠這個案子。

同事A再三強調「這會降低我們公司的形象」或「客人不會喜歡這個企劃」等，像是雞蛋堆裡挑骨頭一樣挑剔所有小瑕疵。即使自己進行了詳盡的說明，對方仍然氣勢洶洶地不斷反駁。

「為什麼只針對我？」當這位女性腦中出現這個想法時，心裡立刻感到非常不甘心。

「因為對方把我當成笨蛋？」、「因為對方想惹我生氣？」，或是「對方想證明腦筋比我好，想把我一腳踢下去？」等，心裡越想越生氣。

回到家之後，她只要一想起這件事就睡不著，更加深了「都是那傢伙害我失眠！」的想法，對同事A的怒火也與時俱增。

早上起床，光是想到同事A就不想去上班，甚至開始考慮離職。

可是轉念一想：「為什麼我要為了那種人離職？」心裡覺得相當不甘，忍不住想衝到同事A面前，狠狠教訓對方一番。

然而真的到了公司，看到同事A的臉就改了想法。「那樣做實在太孩子氣了」、「成年人應該要學會無視」，她決定冷靜處理。

可是同事A竟然寄給她一封「〇〇小姐，那個案子真的很奇怪啊！」的郵件，甚至還副件給其他人，讓那位女性覺得「真的是氣死我了！」，怒火一觸即發。如果是找自己表達個人意見也就算了，用這種大家都能看到的方法是怎樣？這傢伙到底在想什麼？從此，怒火一發不可收拾。

然而，她後來知道了「同事A是因為孤獨發作而轉變成破壞性人格，所以才會和自己唱反調」。

「咦？可是同事A平常總是笑嘻嘻的，和周遭的人都處得來，很受歡迎，看起來一點都不像是孤獨的人啊？」起初，那位女性一點都不覺得同事A會感到孤獨。

硬要說的話，反倒是自己被同事A反駁、沒有人站在自己這一邊，心裡備感孤獨啊。

不過，如果改用「同事A很孤獨」的角度去看，就會發現大家之所以對同事A的批評反對不做任何回應，其實是因為害怕被對方加倍奉還。

同事A因為強硬抨擊她，所以被周遭其他人當成毒瘤，敬而遠之。

而受到同事A反對的她，則是獲得了「就算被批評也能微笑以對，非常穩重」的評價，大家開始非常溫和地與她來往。

同事A看到其他人對她的反應，心想「為什麼他們都不願意對自己好？」，於是變得越來越孤獨。

之後對待這位女性的態度變得更加尖銳，其他人發現之後，又變得更加疏離同事A……整件事就這樣陷入惡性循環。

等到同事A再次強烈反對那位女性時，她並沒有立刻起身反擊，而是裝出一副「好人」的樣子——只要她演出「好人」，否定她的同事A自然變成了「壞人」，從此同事A就變成了因為孤獨而攻擊「好人」的「壞人」。

當女性認同「同事A的孤獨」時，她之所以考慮「到底該不該幫助孤獨的同事A？」，是因為「壞人」同事A的作為，讓自己自動變成了「好人」的關係。

可是如果是為了幫助孤獨的同事A，而試圖「溫柔地和同事A來往」，在自己展現出「溫柔」的那一刻起，自己就已經自動成為「好人」，同事A也再度自動變成了「壞人」，所以一點意義也沒有。

既然如此，乾脆參考小時候讀過的童話故事《哭泣的赤鬼》（泣いた赤鬼）一樣，由自己扮演「壞人」，徹底地批評同事A，然後換同事A變成「好人」接受大家的溫情，藉此消滅孤獨。這就是那位女性想到的方法。

如果用這個方法，同事A就會變成「好人」，自然就不會繼續攻擊自己，感覺是個好主意——但那位女性對自己喊了「等一下！」，幫自己踩剎車。

難得同事A扮演了《哭泣的赤鬼》當中的青鬼，讓自己變成了「好人」，自己是否應該滿懷感謝地接受對方的好意？女性注意到了這件事。

同事A對這位女性的大力抨擊，也可說是同事A自己成為「壞人」，讓大家把自己當成毒瘤，藉此阻止這位女性變得孤獨。這可不是隨隨便便就能做到的。所以同事A的「孤獨」對這位女性來說，其實非常值得感謝。雖然狡猾，但這是在職場裡博得有利立場所必須的。

女性開始覺得自己想對同事A那份令人感謝的「孤獨」做些什麼的念頭，實在是太荒謬了。

之後，不論同事A再怎麼強烈否定自己，女性都心想「這是同事A令人感恩的孤獨」，任由對方去說。

結果不知不覺當中，同事A再也不表示否定了。

「為什麼？」女性覺得疑惑，但很快就理解了：「啊！因為我變成了利用同事A的孤獨的惡毒『壞人角色』，所以同事A不必繼續扮演『壞人』了！」

「人類真的會彼此截長補短，互相取得平衡呢！」那位女性對此感到非常驚訝。

同事A害怕這個比自己還惡毒的女性，變得什麼話都不敢說，但這樣反而讓人覺得「好像有點不滿足！」，變得比之前不斷遭受反對的時候還要更加孤獨。

但這次的「孤獨」卻莫名讓人有種舒適感。想必是因為自己開始覺得同事A和自己感受到的，是一樣的東西。因為自己已經在不知不覺當中，把感受著相同孤獨的同事A當成了同伴。

把價值觀
強加在我身上的丈夫

有位女性總是被同樣身為媽媽的朋友詢問「你家老公的年收大概多少？」之類失禮的問題，為此相當煩惱。

當她把這件事情說給丈夫聽，對方卻回答「應該是你跟她有什麼嫌隙吧？」，讓女性「咦？」了一聲，覺得莫名其妙。

丈夫認為：「因為你總是喜歡那樣說別人壞話，這次換成你站上被人說壞話的立場了！所以別人才會覺得可以問你失禮的問題。」他就這樣，輕描淡寫地

徹底否定了太太。

和其他朋友們聊天時，自己並沒有喜歡聊別人的傳聞，頂多只是話題當中剛好出現而已。女性忍不住生氣：「為什麼我會被你說得這麼難聽！」

老公接著又說：「你每次都這樣推卸責任，小孩子也會有樣學樣，最後變成無法適應社會的人。」讓女性氣到快要崩潰。

明明不懂我的人際關係有多複雜，只會出一張嘴「不要說人壞話！」、「不要隨便散布謠言！」、「不要找藉口！」試圖改變我，到底是想怎樣？女性這麼想。

除此之外，「為什麼我要跟這種完全不懂我的人在一起？」的哀傷，和「為什麼丈夫一定要把他的價值觀強加在我身上？」的憤怒，都讓女性情緒激動到淚水盈眶。

如果老公是站在我的立場上，肯定不會說出那種話。但他永遠都只站在他的角度看事情，只用他自己的價值觀判斷我的一切，然後試圖改變我。

這種感覺讓人非常不舒服。可是就算把自己的感覺告訴丈夫，他也只會說出：「如果你覺得這樣可以給孩子帶來好的影響，那就隨便你吧。」這種讓人聽了火大的回答。

丈夫覺得「自己是正確的」，於是用了近似威脅的口氣，表示如果我堅持自己的方式、不按照他的價值觀去做，最後連孩子的教育也會失敗。於是，那位女性覺得自己的心情盪到谷底，變得十分孤獨。

然後在某個時間點，她突然注意到：「哎呀？雖然我覺得丈夫是把他的價值觀強加在我身上，但他說不定只是因為孤獨引起的發作而已！」

丈夫總是正確的。公司裡面的人都尊敬他，而且他也非常重視父母和子女，感覺「他不會感受到孤獨」。但現在這位女性覺得，說不定是自己誤會了！

丈夫擁有他父母的愛，飽受呵護，這樣的人怎麼可能感受到孤獨？長久以來女性從來不曾對這一點抱持懷疑。

可是仔細想想，每當自己觀察丈夫時，他和他的父母看起來並不像是非常親近熱絡，一點都沒有開心的感覺。

丈夫和他父母之間的關係，讓他感受到「孤獨」。

既然如此，為什麼丈夫要把他的價值觀強加在我身上，彷彿試圖重現他和他父母之間的關係呢？女性感到疑惑不解。

然而把「丈夫是孤獨的」這件事作為前提思考，答案很快就出爐了。

如果丈夫父母親的價值觀感染到這位女性身上，那麼她就無法像過去一樣和別人敞開心扉，朋友會漸漸離她遠去。

和孩子之間的關係也是，如果像他的雙親一樣死板地責罵「不可以做錯誤的事！」或「不可以找藉口！」，孩子就會認為「媽媽跟其他媽媽都不一樣」，再也無法和他人建立重要的信賴關係。

人類會失敗犯錯，如果不會，就跟機器沒兩樣。如果孩子學了丈夫的價值觀，他們就會把這位女性當成打掃、洗衣、做菜機器人，讓她變得孤獨。

這麼一來，丈夫也會變成如此。

透過「丈夫是孤獨的」的觀點來看，他試圖追求「不是只有自己一個人孤獨」這件事的行動，簡直就像拼上最後一塊拼圖般清晰可見。

像現在，這位女性正因為丈夫試著強加他的價值觀在她身上，讓她的心漸漸遠離丈夫，而丈夫也因此變得更加孤獨。

於是他試著讓妻子染上他的價值觀，讓她和自己採取相同的行動，藉此讓妻子和孩子變得跟自己一樣孤獨。如此一來，就能實現「不是只有自己一個人孤

獨」，進而讓自己脫離孤獨。這就是丈夫的打算。

可是繼續觀察「丈夫的孤獨」下去，女性赫然發現：「啊！我也一直試圖改變丈夫的孤獨價值觀！」

這位女性在成長過程中所學到的價值觀，是透過互相展現人類的弱點，例如說人壞話、找藉口逃避、煩惱等等，來感受「大家都是普通人！」，進而消除孤獨。

所以她在不知不覺當中覺得「丈夫的孤獨很可憐」。為了讓丈夫示弱，她把自己的弱點毫無保留地展示在丈夫面前，試圖改變他的價值觀。

然而這就像是丈夫試圖改變她，讓她覺得很不愉快一樣，也許這對丈夫來說可能也是一件相當不愉快的事？女性發現了這一點。

如此一來，她漸漸認為「沒有必要改變丈夫的孤獨」，也不再追問「為什麼要說那種話？」害自己受傷。

因為她知道，受到對方的話語傷害，透過展現弱點來消除孤獨，這件事對於依賴「孤獨」生存的丈夫來說，是不必要的。

同時也知道她把這件事強加在丈夫身上時，等於否定了丈夫「至今一直支持著自己的生活方式的孤獨」，也否定了丈夫本身。

這並不是放棄或是厭倦了丈夫，只是改變了心態，決定「尊重丈夫的孤獨」。

她接受了自己覺得「丈夫的孤獨很可憐」、想要試圖改變丈夫的這個做法，其實是錯的。

結果後來發生了什麼事？原本從來不曾示弱的丈夫，開始主動讓她看見自己的弱點了。

「想要尊重丈夫的孤獨」，同時懷抱著敬意傾聽「丈夫的孤獨」。不知不覺

當中，丈夫不再試著改變她，而且開始在家裡笑著跟孩子說話。

因為消除了丈夫的孤獨，有那麼一瞬間，女性還為了「丈夫重要的孤獨可能消失了！」感到焦慮。

然而看到丈夫在示弱的同時，也和孩子們一起快樂玩耍的模樣，女性也在不知不覺當中，感受到自己心中的孤獨。

「啊！原來這就是丈夫的『孤獨』！」一個和過去稍有不同、認真無比的自己，就在眼前。

只要情況對自己不利，就用眼淚攻勢的戀人

某位男性用自家電腦準備工作用資料時，女朋友趁他離座不在的空檔使用電腦，她按下了存檔鍵、覆蓋掉原檔，導致原始檔案消失無蹤。

「啊！必要檔案不見了！」他非常焦慮，詢問女朋友：「你為什麼要按存檔？」結果對方一邊回答「我想說不存檔的話，資料就會遺失……」，一邊流下眼淚。

雖然心裡想著「我才想哭啊！」，但畢竟是自己害對方哭了，所以男方只能道歉：「啊！對不起！」

女方依然哭個不停，表示「因為人家不知道啊」。因為這樣，男方被迫認為自己做了一件非常過分的事，然後再加上資料被覆蓋的雙重打擊，心情頓時沉重得無以復加。

後來女方做了菜，男方因為發現「咦？怎麼這麼辣！」，而詢問「這是怎麼了」？她哭著回答：「因為調味失敗，本來以為說不定可以用辣味蓋過去，結果不小心弄得太辣了。」又繼續哭著說：「可是吃太辣對身體不好對吧？」、「我不管做什麼都做不好！」

結果男方只能開口安慰她「沒關係啦！」，還要滿臉笑容地吃光他面前的所有料理。

這時女方又繼續哭著說：「對不起！你實在不必吃這種東西！」讓男方感到有點煩躁。

難道你要浪費這些食物嗎？雖然很想這樣說，但她一直在哭所以實在說不出口，只能一邊回答「沒關係啦」，一邊勉強自己吃下去。而她淨是說著「對不起」卻沒有動筷，所以只有自己的心情變得糟糕透頂。

這時，男方試著用「孤獨」的角度觀察對方，發現了一件有趣的事。

因為女方哭了，是因為她心裡可能抱著「自己可能會因為失敗而被放棄」的孤獨？男方單純這麼想著。

只要哭著展現自己的弱點，對方就會原諒自己，促使孤獨消失，所以看起來就像是在哭沒錯。

可是，如果用「孤獨色彩的太陽眼鏡」來觀察女方，就能看到「另一個她」

正在冷眼旁觀她自己展現演技。

那個冷眼旁觀自己展現演技的另一個她，懷抱著「任何人都不會接受這麼冷漠的自己」的孤獨。

然而，正在哭泣的那一個她，雖然演出了完全相反的另一種人格，但那畢竟是演技，所以她也知道不管哭得多慘，「孤獨」都不可能消失。

因此，冷眼旁觀的她非常清楚，這份「孤獨」是不會消失的。

所以另一個演出軟弱個性的她偶爾會不受控制，而自己只能用更加冷漠的態度旁觀，孤獨不斷增加，從此陷入惡性循環。

若是仔細回想，的確可以感覺到女朋友雖然哭個不停，但她流淚的同時，也莫名給人一種極為冰冷的感覺。

戴上「孤獨色彩的太陽眼鏡」
觀察哭泣的女友，

就能看到另一個她
正冷眼望著
那個展現「哭泣演技」的自己。

因為只是演出另一個
和「冷漠的自己」完全
相反的自己，
所以再怎麼哭
孤獨都不會消失。

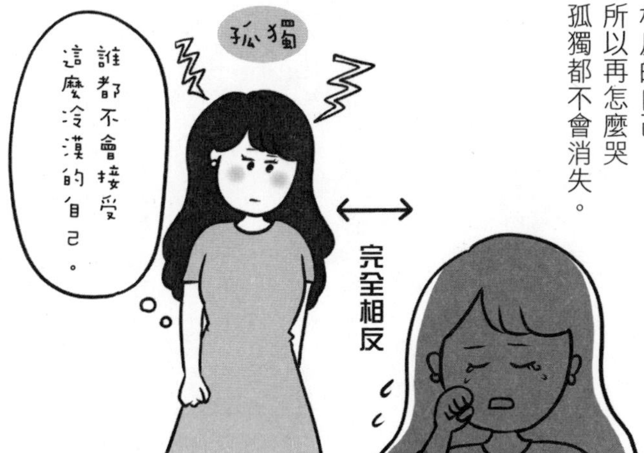

冷眼旁觀的另一個她感受到「孤獨」，而且自認任何人都不會接受自己，於是創造出另一個完全相反的人格來打破「孤獨」。

可是眼神越來越冰冷的她，一直冷靜地看著哭泣的自己醜態畢露，於是孤獨漸增。這就是實際上的流程。

戴上「孤獨色彩的太陽眼鏡」觀察女友時，男方在她身後看見另一個她露出冷漠眼神，懷抱著孤獨凝視哭泣的自己。當男方能夠看見眼神冷漠的女友時，就會知道「她沒辦法靠自己消除自己的孤獨」。

因為自己和她一樣，心裡也有另一個自己，正冷漠地看著自己為了眼前哭泣的女友而感到動搖。

因為自己也和女友一樣抱著無法消除的孤獨，所以不管做什麼都只會冷眼旁觀，但又擔心對方如果發現這件事就會開始討厭自己，於是只好展現演技，裝出十分驚慌的樣子。

因為自己知道就算這麼做也無法消除自己的孤獨，所以可以理解「女友和自己感受著相同的孤獨」。

當男方確定「女友的孤獨無法消除」之後，他就在不知不覺當中放棄在女友面前演出十分驚慌的自己。即使覺得女友和自己感受著相同的孤獨，也沒有必要刻意顧慮女友的心情了。

因為他知道女方和自己懷抱著同樣的孤獨，總是有另一個自己正在冷眼旁觀。一旦知道這一點，自己就沒有必要繼續演出，可以在女友面前展現出原原本本的自己。

當自己於女友面前展現最原本的面貌，凡事都表現得很冷靜的時候，女友竟然也跟著讓最原本的她出現在自己面前，變成可以冷靜地和自己在一起了。

因為「自己的孤獨」和「對方的孤獨」都無法處理，所以只能冷靜地共處。可是在不知不覺當中，兩人之間誕生出神祕的安心感。即使懷抱著孤獨，也可以一直在一起的安心感。

這個時候，若是兩人互相凝視彼此的孤獨，就能感受到無需任何改變的喜悅之情。

原原本本的自己最好。

跟公司前輩打招呼，他卻假裝沒看到我

在公司看見前輩，於是我開口打招呼：「辛苦了！」可是卻被對方無視了。這讓我心想「哎呀？前輩是不是沒聽見？」。然而當我明顯地靠近前輩，再次說出「辛苦了」的時候，卻依然被對方無視，彷彿他眼中完全沒有我這個人一樣，毫無反應地離開。

「咦！我是不是做了什麼壞事？」我感到相當難受，像是被人一棒打在頭上似地，大受打擊。

然後開始胡思亂想：「難道是我最近沒找前輩商量工作上的事，所以他生氣了？」、「最近我沒有向前輩報告近況，所以被討厭了？」之類的事。

這時，我心中立刻湧現出一股後悔之意：「啊！要是那時候有找前輩好好商量工作上的事就好了！」還有「工作進行順利的時候，應該向前輩報告順便跟他道謝」的想法。

此外，還有「是不是有人擅自造謠告訴前輩說我對他不滿？」等等，連對公司同事都產生了疑心。

類似想法越來越多，最後一股怒氣上衝：「為什麼我非得要這麼顧慮前輩！」、「再說，明明是我開口打招呼，他那個反應實在太沒禮貌了！」開始大發脾氣。

可是發完脾氣之後，我又開始感到不安：「要是前輩繼續這樣討厭我，說不定我會沒辦法繼續待在公司裡」，隨後開始煩惱：「該怎麼處理自己和前輩的關係？」

先是生氣，然後感到不安，最後開始反省。這些思緒在腦中轉來轉去，完全停不下來。

即使下班回家也依然想著同樣的事情，前輩的反應離不開我的腦海，讓心情變得非常糟糕。

這時，我戴上「孤獨色彩的太陽眼鏡」觀察前輩，看見了一件有趣的事。前輩在公司已經待了很久，工作方面做得相當不錯，而且也已經成家，讓人覺得「他不可能感到孤獨」。

可是當我一邊默唸「辨識孤獨的顏色吧」一邊進行觀察，卻發現前輩心中出現了「只有自己被拋下」的孤獨。

我希望自己能「獲得前輩的認同」、「像前輩一樣迅速完成工作」，所以一直努力至今。

透過「孤獨色彩的太陽眼鏡」觀察這一點時，我發現我越是努力想要「獲得認同」，前輩就越感受到「只有自己被拋下的孤獨」。

前輩的家庭也有類似情況發生。孩子們逐漸長大，離家獨立，似乎再也不需要父母。

這時，前輩感受到的是「我為這個家付出這麼多努力，卻沒有人感激我，大家都自由地離巢飛翔，只有我一個人被拋下」的孤獨。

在公司裡也一樣。他付出所有心血照顧後輩，但每個人都從他身邊獨立而去，讓他感受到無比的孤獨。

為了抗拒這份孤獨，前輩選擇了「無視」這個方式，來預防將來我離開前輩身邊時，他所感到的「孤獨」。這就是我所看到的狀況。

雖然我對前輩完全沒有任何「捨棄他」或「輕視他」的想法，但是當我顧慮到「自己是不是對前輩做了什麼壞事？」的時候，就已經在不知不覺當中把自己的地位提得比前輩還高，讓前輩感受到「只有自己被拋下的孤獨」。

那麼，為了想讓前輩高興並讓他回應我的招呼，我該怎麼做？我出現了這個想法，但隨即發現思考這件事情本身就是「輕視前輩」。

前輩是為了預演孤獨，才無視於我的招呼。這對他來說是必要的，說不定我沒有必要去改變他？我開始這麼想。

明明那麼提攜晚輩，
但大家都會從
自己的身邊離開獨立，

我要靠自己提出企劃。
我明明這麼照顧他們啊……
我可以一個人努力！

為此感受到孤獨。

前輩透過「無視」這個方式
預演將來後輩離開的感覺，

那個……

事先預防
「孤獨」來臨。

「打了招呼也得不到回應」，這是我所感受到的孤獨，同時也是前輩感受到的孤獨。

這是為了面對將來我超越前輩，離開他身邊時的預演。先試著感受那份孤獨，藉此面對下一個階段。

的確，與其等到後輩忽然離開，獨自感受被拋下的孤獨，還不如先預演幾次讓自己習慣，這麼一來就能和自己心中的孤獨和平共存。

若是從「孤獨」的角度觀察前輩，就能看出「他試著透過不打招呼，來進行『孤獨』的預演」。

這個結果讓我發現，雖然這是前輩為了面對自身「孤獨」所進行的預演，但同時也是我失去「前輩」這個存在，是我面對自身「孤獨」的預演也說不定。

一想到孩子們在不知不覺當中長大、離家的那個時刻，那份孤獨真的讓人無

辛苦了！
喔。

話可說。

如果孩子或後輩離巢之後可以自由飛翔，相信前輩也能從那份孤獨當中獲得某種成就感。

前輩打算現在就拿到那份成就感。

等到我自己也身處和前輩相同的立場時，是否能和前輩一樣，把這份孤獨視為成就感呢？這麼一想，就覺得自己越來越尊敬這位無視於我的前輩了。

帶著這份心情，來到公司看見前輩，我開口招呼「辛苦了！」的時候，感覺自己在這句話當中放入了自己對前輩孤獨的尊敬之意。這時，前輩輕聲地回應了我：「喔。」

雖然他可能還是需要預演「孤獨」，但是在我眼中看來，對於前輩所感受到的那種我隨時可能離他而去的「孤獨」，感覺有種莫名的美好。

國家圖書館出版品預行編目資料

為什麼別人那麼幸福，我卻如此孤獨？：日本人氣心理諮商師結合腦科學與心理學，安撫負面情緒，正向發展人際關係 / 大嶋信賴著 ; 江宓蓁譯 . -- 初版 . -- 臺北市 : 日月文化 , 2021.1
240 面 ; 14.7*21 公分 . --（大好時光 ; 38）
ISBN 978-986-248-932-1（平裝）
1. 孤獨感 2. 生活指導
176.52 109019322

大好時光 38

為什麼別人那麼幸福，我卻如此孤獨？

日本人氣心理諮商師結合腦科學與心理學，安撫負面情緒，正向發展人際關係

誰もわかってくれない「孤独」がすぐ消える本

作　　者：大嶋信賴
譯　　者：江宓蓁
主　　編：俞聖柔
校　　對：俞聖柔、張召儀
封面設計：高小茲
美術設計：LittleWork 編輯設計室

發 行 人：洪祺祥
副總經理：洪偉傑
副總編輯：謝美玲
法律顧問：建大法律事務所
財務顧問：高威會計師事務所
出　　版：日月文化出版股份有限公司
製　　作：大好書屋
地　　址：台北市信義路三段 151 號 8 樓
電　　話：(02)2708-5509　傳　　真：(02)2708-6157
客服信箱：service@heliopolis.com.tw
網　　址：www.heliopolis.com.tw
郵撥帳號：19716071 日月文化出版股份有限公司

總 經 銷：聯合發行股份有限公司
電　　話：(02)2917-8022　傳　　真：(02)2915-7212
印　　刷：禾耕彩色印刷事業有限公司
初　　版：2021 年 1 月
定　　價：320 元
I S B N：978-986-248-932-1

日月文化集團
HELIOPOLIS
CULTURE GROUP
客服專線 02-2708-5509
客服傳真 02-2708-6157
客服信箱 service@heliopolis.com.tw

日月文化集團 讀者服務部 收

10658 台北市信義路三段151號8樓

對折黏貼後，即可直接郵寄

日月文化網址：**www.heliopolis.com.tw**

最新消息、活動，請參考 FB 粉絲團

大量訂購，另有折扣優惠，請洽客服中心（詳見本頁上方所示連絡方式）。

大好書屋　寶鼎出版　山岳文化

EZ TALK　EZ Japan　EZ Korea

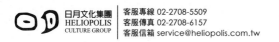

感謝您購買 為什麼別人那麼幸福，我卻如此孤獨？

為提供完整服務與快速資訊，請詳細填寫以下資料，傳真至02-2708-6157或免貼郵票寄回，我們將不定期提供您最新資訊及最新優惠。

1. 姓名：＿＿＿＿＿＿＿＿ 性別：□男 □女
2. 生日：＿＿＿年＿＿＿月＿＿＿日 職業：
3. 電話：（請務必填寫一種聯絡方式）
（日）＿＿＿＿＿＿（夜）＿＿＿＿＿＿（手機）＿＿＿＿＿＿
4. 地址：□□□＿＿＿＿＿＿＿＿
5. 電子信箱：＿＿＿＿＿＿＿＿
6. 您從何處購買此書？□＿＿＿＿縣/市＿＿＿＿書店/量販超商
□＿＿＿＿網路書店 □書展 □郵購 □其他
7. 您何時購買此書？ 年 月 日
8. 您購買此書的原因：（可複選）
□對書的主題有興趣 □作者 □出版社 □工作所需 □生活所需
□資訊豐富 □價格合理（若不合理，您覺得合理價格應為＿＿＿＿）
□封面/版面編排 □其他＿＿＿＿＿＿＿＿
9. 您從何處得知這本書的消息：□書店 □網路／電子報 □量販超商 □報紙
□雜誌 □廣播 □電視 □他人推薦 □其他
10. 您對本書的評價：（1.非常滿意 2.滿意 3.普通 4.不滿意 5.非常不滿意）
書名＿＿＿ 內容＿＿＿ 封面設計＿＿＿ 版面編排＿＿＿ 文/譯筆＿＿＿
11. 您通常以何種方式購書？□書店 □網路 □傳真訂購 □郵政劃撥 □其他
12. 您最喜歡在何處買書？
□＿＿＿＿縣/市＿＿＿＿書店/量販超商 □網路書店
13. 您希望我們未來出版何種主題的書？＿＿＿＿＿＿＿＿
14. 您認為本書還須改進的地方？提供我們的建議？

生命，因**閱讀**而**大好**